습관이 무기가 될 때

평범했던 그들을 최고로 만든 단 하나의 습관

습관이 무기가 될 때

초판 1쇄 인쇄 2020년 5월 8일
초판 1쇄 발행 2020년 5월 15일

지은이 허성준 옮긴이 한진아

펴낸이 이상순 주간 서인찬 편집장 박윤주 제작이사 이상광
기획편집 박월, 김한솔, 최은정, 이주미, 이세원 디자인 유영준, 이민정
마케팅홍보 신희용, 김경민 경영지원 고은정

펴낸곳 (주)도서출판 아름다운사람들
주소 (10881) 경기도 파주시 회동길 103
대표전화 (031) 8074-0082 팩스 (031) 955-1083
이메일 books777@naver.com 홈페이지 www.books114.net

생각의길은 (주)도서출판 아름다운사람들의 교양 브랜드입니다.

ISBN 978-89-6513-601-9 03190

Original Japanese title:
ICHINICHI GOTO NI SA GA HIRAKU TENSAITACHI NO LIFEHACK
Copyright © Hur Sung Joon 2019
Original Japanese edition published by Subarusya Corporation
Korean translation rights arranged with Subarusya Corporation
through The English Agency (Japan) Ltd. and Creek & River Entertainment Co., Ltd

이 책의 한국어판 저작권은 Creek&River Entertainment를 통해 Subarusya Corporation과
독점 계약한 (주)도서출판 아름다운사람들에 있습니다.

이 도서의 국립중앙도서관 출판예정도서목록(CIP)은 서지정보유통지원시스템 홈페이지(http://seoji.nl.go.kr)와
국가자료종합목록구축시스템(http://kolis-net.nl.go.kr)에서 이용하실 수 있습니다. (CIP제어번호 : CIP2020015731)

파본은 구입하신 서점에서 교환해 드립니다.
이 책은 신 저작권법에 의하여 보호를 받는 저작물이므로 무단 전재와 복제를 금합니다.

평범했던 그들을 최고로 만든 단 하나의 습관

Small Habit Big Change

습관이 무기가 될 때

허성준 지음 | 한진아 옮김

엄청난 성공을 거둔 사람과
평범한 사람의 차이는 무엇일까?

누구나 생각해보았을 의문이다. 운을 제외하면 인간의 성공을 결정짓는 가장 큰 요인은 지성과 그 분야의 지식이다. 지성과 전문 지식은 어느 정도 선천적인 요소에 후천적인 요소가 더해져 결정된다. 알베르트 아인슈타인도 투고했던 과학 잡지 〈사이언티픽 아메리칸〉에 의하면 성인의 지적 능력 중 60%는 선천적이며 40%는 후천적이라고 한다. 또 텍사스 대학교 오스틴캠퍼스에서 진행한 연구에 의하면 학술 분야에서의 성공은 약 60% 이상이 선천적인 영향, 나머지가 후천적인 영향에 의해 이루어진다고 한다.

성공에는 학술적인 성취만 있는 것은 아니지만, 이 연구 결과에는 시사점이 많다. 태어났을 때부터 천재인 사람도 분명 존재하지만, 후천적으로 소질을 계발하여 성공한 사람도 세상에는 많다는 것이다. 선천적인 요소는 어쩔 수 없지만 지금부터라도 후천적인 요소를 최대한으로 갈고닦아보면 어떨까.

그렇다면 성공에 필요한 후천적인 요소 중 가장 중요한 것부터 알아보자. 확실하게 증명되지는 않았지만 많은 연구에 의하면 '습관'이 가장 핵심 역할을 한다고 한다. 223명의 부자와 128명의 가난한 사람을 5년간에 걸쳐 추적해 분석한 경영자 톰 콜리도 전자와 후자의 차이는 '습관'에 있다고 결론 냈다. 세계적인 베스트셀러 《성공하는 사람들의 7가지 습관》의 저자 스티븐 코비도 성공하는 사람의 특징은 '생각하는 습관'에 있다고 주장한다.

습관은 내가 원하는 길로 가는 지름길을 만들어주고 놀랄 정도로 생산성을 높여주는 마법의 도구다. 이렇게 매일 작은 행동으로 인생에 큰 변화를 가져다주는 것을 '라이프핵'이라고 하는데, 압도적인 성공을 거둔 사람들이 라이프핵에 사용한 도구가 습관이었다.

이 책에서는 동서고금의 성공한 사람들이 갖고 있던 라이프핵, 즉 습관을 중점적으로 알아본다. 대문호 어니스트 헤밍웨이는 서서 소설을 집필했고 애플 사의 창업자 스티브 잡스는 평소 잘 울었다는 등 알려지지 않은 습관이 그들의 업적에 미친 영향을 자세히 살펴본다.

조금 다른 이야기지만 여러분 중에는 어린 시절 《드래곤볼》과 같은 소년만화를 좋아한 사람도 있을 것이다. 일반적으로 이런 소년만화는 주인공이 강적과 싸워 승리하면 더욱 강한 적이 등장하여 또 싸우는 스토리의 반복이다.

이때 종종 악당 캐릭터는 주인공의 능력을 복사해내는 힘을 가진다. 주인공이 필살기를 사용하면 악당 역시 같은 기술을 그대로 쓸 수 있기에 큰 위협이 된다. 물론 소년만화이기 때문에 이런 적도 끝내는 퇴치하지만, 그때마다 주인공은 큰 고비를 맞는다. 열심히 노력하여 익힌 기량과 필살기를 한순간에 상대가 따라 하니 무리도 아니다.

습관을 흉내 내는 것도 이와 같다. 세계 최고가 된 사람들의 습관을 따라 한다고 해서 바로 최고가 되는 것은 아니겠지만, 그들의 성공 비결을 일상에서 적용해보면 매일매일 조금씩 성장할 수 있다. 이 책에는 78명의 각자 다른 습관이 소개되어 있는데, 바로 지금 고민하는 문제의 힌트가 되는 구절부터 읽어도 좋고, 자신이 좋아하는 작가나 철학자, 스포츠 선수, 과학자, 기업인을 찾아봐도 좋다. 이 책에서 나에게 가장 맞는 습관을 선택해 짧은 시간에 가장 완벽한 변화를 경험한다면 그보다 더 기쁜 일은 없을 것이다.

1장. 최고들은 어떻게 습관을 무기로 만드는가?

2장. 어떤 습관은 왜 계속하고 싶을까?

3장. 일 잘하는 사람의 습관은 뭐가 다를까?

4장. 스트레스를 쓸모 있게 바꾸는 습관

5장. 공부가 습관이 될 때

최고들은
어떻게 습관을
무기로 만드는가?

반복되는
5분의 기적

엘론 머스크
Elon Musk, 1971~

엘론 머스크는 영화 〈아이언맨〉 주인공의 모델로 유명하다. 뛰어난 기술력을 가진 천재 엔지니어이면서 거대한 기술 기업을 성공시킨 경영자로, 일을 재치 있고 빠르게 처리하는 개성 등이 주인공 토니 스타크의 이미지에 차용되었다.

그는 현재 전기 자동차를 생산하는 기업 테슬라와 우주선을 만드는 스페이스 엑스 사의 CEO로 활동하고 있다. 참고로 인터넷 결제의 대명사 페이팔을 창업한 것도 엘론 머스크다.

엘론 머스크는 2개의 회사를 경영하고 있기 때문에 당연히 매우 바쁘다. 그는 아침식사도 하지 않고 출근해, 곧바로 많은 사람과 만나거나 회의를 한다. 그래서 모든 스케줄을 5분 단위로 관리하는 습관이 있다.

5분 단위라는 것은 5분마다 다른 일을 한다는 게 아니라 '15분간 메일 체크, 5분간 휴식, 20분간 영업팀과 회의, 5분 식사…'처럼 5분을 하나의 단위로 일과를 계획한다는 의미다.

'5분 식사'라고 했는데, 머스크는 실제로 점심식사를 5분 안에 끝낸다. 회의 중에 테이블에서 먹는 경우도 있다. 일 중독자인 그는 식사를 하지 않고 영양을 섭취할 방법이 있었으면 좋겠다고 말하기도 했다.

그는 멍하니 있거나 졸면서 시간을 허비하는 것은 상상조차 할 수 없을 정도로 바쁘다. 그렇기 때문에 머스크의 모든 생활습관은 시간 절약에 최적화되어 있다. 평소 사무실에서 휴대전화는 사용하지 않고 대신 메일을 쓰는데 그 이유가 전화가 오면 일을 중지하고 즉각 대응해야만 하지만 메일은 자신이 괜찮은 시간대에 한꺼번에 처리할 수 있기 때문이다. 게다가 내용이 없는 이야기로 시간을 허비할 위험이 있는 전화에 비해, 메일은 모든 내용을 짧은 시간 내에 한눈에 파악할 수 있다.

이처럼 하루를 짧은 단위로 나눠 스케줄을 관리하는 습관은 모든 독자가 몸에 익혀 활용할 수 있다. 머스크와 완전히 똑같은 방식으로 사용할 필요는 없다. 이 책의 담당 편집자는 '포모도로 테크닉'이라고 불리는 시간 관리술을 사용하여 일을 한다고 말했다. 간단히 설명하면 '25분간 일, 5분간 휴식 반복'으로 효율을 극대화하는 방법이다. 이는 집중력을 지속하기 힘든 사람이라도 일의 능률을 올려주는 기법으로 알려져 은근히 인기를 끌고 있다.

좀처럼 몸 상태가 좋아지지 않거나 의욕이 샘솟지 않을 때도 '25분 정도라면 해볼까' 하는 생각이 든다. 그리고 '25분간 일, 5분 휴식'을 반복하면 어떤 일에 몇 번의 포모도로를 적용하면 좋은지 감각적으로 알게 되어 효율적으로 일을 소화할 수 있다.

머스크는 너무 바빠 5분을 하나의 단위로 스케줄을 나눴지만, 일에 집중하기 위해 일정 시간을 하나의 단위로 만드는 방법은 우리에게도 매우 효과적이다.

Habit

비전은 어떻게
펜 하나로 완성되는가

벤저민 프랭클린
Benjamin Franklin, 1706~1790

벤저민 프랭클린은 미국을 대표하는 천재라고 해도 과언이 아니다. 미합중국 헌법의 초안을 생각한 '건국의 아버지' 중 한 명이자 과학자, 발명가로도 활약했다.

그가 태풍 속에서 연을 날리는 실험으로 '벼락은 전기'라고 증명한 일화는 유명하다. 벼락은 높은 곳에 가장 먼저 떨어진다는 실험 결과에 착안하여 피뢰침도 발명했다.

프랭클린처럼 정치와 과학, 양 분야에서 커다란 업적을 남긴 인물은 거의 없다. 이런 프랭클린은 시간을 소중하게 여기고 스케줄을 정리하는 습관을 가지고 있었다.

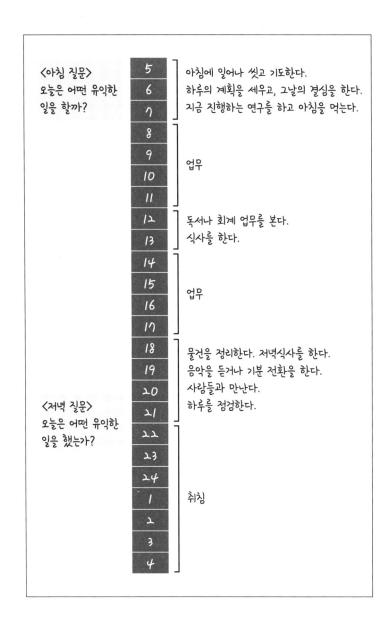

〈아침 질문〉 오늘은 어떤 유익한 일을 할까?	**5** 아침에 일어나 씻고 기도한다. **6** 하루의 계획을 세우고, 그날의 결심을 한다. **7** 지금 진행하는 연구를 하고 아침을 먹는다.
	8 **9** 업무 **10** **11**
	12 독서나 회계 업무를 본다. **13** 식사를 한다.
	14 **15** 업무 **16** **17**
	18 물건을 정리한다. 저녁식사를 한다. **19** 음악을 듣거나 기분 전환을 한다. **20** 사람들과 만난다. **21** 하루를 점검한다.
〈저녁 질문〉 오늘은 어떤 유익한 일을 했는가?	**22** **23** **24** **1** 취침 **2** **3** **4**

프랭클린은 1시간마다 해야 할 일을 적기도 했지만 특히 주목해야 하는 부분은 아침에 일어난 뒤, 밤에 자기 전에 자문자답할 사안을 적은 것이다. 아침에는 '오늘은 어떤 유익한 일을 할까?' 저녁에는 '오늘은 어떤 유익한 일을 했는가?'를 스스로에게 물어보았다. 시간을 허투루 사용하지 않고 유익한 인생을 보내려고 한 그의 정신이 스케줄 정리 습관에서도 보인다. 이처럼 매일 자신에게 묻고 스스로 답하여 여러 분야에서 족적을 남길 수 있었다.

그가 만들어낸 '하루를 이상적으로 보내는 방법' 적기에 주목해보자.

스케줄 노트를 활용하는 독자가 많을 텐데, 꼭 하루의 시작과 끝에 프랭클린이 했던 질문을 추가해보기 바란다. 이 습관에서 '시간은 금이다'라는 명언을 연상한 독자도 많을 것이다. 실은 이 말도 프랭클린이 남겼다.

추리소설가는
어떤 장면부터 쓸까?

애거서 크리스티
Agatha Christie, 1890~1976

애거서 크리스티는《오리엔트 특급 살인》《그리고 아무도 없었다》《애크로이드 살인사건》등으로 유명한 영국의 추리소설가다. 그녀의 책 누적 판매량은 20억 권 이상으로《성경》과 윌리엄 셰익스피어 작품 다음으로 사람들이 많이 읽었다.

크리스티는 영국 문학사에 있어서 중요한 위치를 차지하고 있다. 장르는 추리소설이지만 스토리텔링 기법에서 그녀보다 우수한 작가가 거의 없기 때문이다. 결말의 반전이나 치밀한 트릭은 너무나도 유명해 지금까지도 많은 영화와 소설, 만화에 영향을 주고 있다. 추리소설이라고 하면 그녀의 등장 이전에 아서 코난 도

일이라는 대가가 있지만 '애거서 크리스티 이후'는 트릭이나 이야기의 구성이 훨씬 치밀해졌고 범인의 범행 수법도 기괴하게 진화했다.

이것이 그녀가 '추리소설의 여왕'이라고 불리는 이유다.

크리스티에게는 독특한 집필 습관이 있었다. 종종 서두부터가 아니라 살인 장면부터 썼는데 범행이 어떻게 이루어졌는지 자세하게 그린 후 앞뒤 스토리를 보완해가는 방식이었다. 그녀가 이런 수법을 사용한 이유는 추리소설의 핵심이 살인 장면에 있기 때문이다.

초기의 추리소설 중에는 숨겨진 무언가를 찾아내는 이야기도 있었지만 살인이 없는 추리소설은 크게 주목받기가 힘들다. 미지의 범인이 신기한 방법으로(때로는 불가능해 보이는 방법으로) 살인을 해내야 독자의 흥미가 최고조에 달한다.

이 흥미를 추진제로 '누가' '어떤 방법으로' '무엇을 위해' 그 살인을 저질렀는지를 밝혀내는 과정을 재미있게 읽는 것이 추리소설의 기본적인 구조다.

애거서 크리스티의 소설이 현대인에게도 인기 있는 이유는 이 흥미를 끄는 방법이 다른 작가들보다 정교하기 때문이다. 이야기의 구성이나 전개의 치밀함도 뛰어나지만 무엇보다 인상적인 것은 바로 독특한 살인 방식이다.

예를 들면 《그리고 아무도 없었다》에서는 무인도에 있는 별장에 열 명의 사람이 초대된다. 그곳에는 10개의 인형이 있었는데 살인이 일어날 때마다 반드시 그 인형 중 하나가 사라진다. 10개의 인형은 살해된 열 명을 상징했다.

크리스티는 이렇게 업무의 핵심 부분을 가장 먼저 시작하고 남은 부분은 그것에 맞춰 처리해가는 스타일을 고수했다.

이와 같은 업무 기술은 모든 일에 적용할 수 있다. 회사에서 프레젠테이션과 기획을 위해 서류를 작성할 때 첫 부분부터 쓸 필요는 없다. 가장 핵심적인 부분을 적고 그것에 맞춰 남은 부분을 정리하면 된다.

독서할 때에도 처음부터 읽지 않고 결론 부분이나 흥미가 있는 부분부터 읽는 방법이 있다. 그리고 '여기에 도달하기까지의 과정은 뭘까?'라고 생각하면서 다른 부분을 읽는다. 이것은 문학작품보다는 읽기 힘든 고전이나 경제 경영서, 전문서에 도전할 때 추천하는 방법이다.

세계적으로 유명한 경영 컨설턴트인 스티븐 코비도 저서 《성공하는 사람들의 7가지 습관》에서 '소중한 것을 먼저 하라'를 성공의 중요한 습관 중 하나로 꼽았다. 크리스티가 살인 장면부터 쓴 이유는 자신의 일의 우선순위를 잘 파악하고 있었기 때문이다.

쓸데없는 일에
신경 쓰지 않는 습관

리처드 파인만
Richard Feynman, 1918~1988

미국의 물리학자 리처드 파인만은 양자역학 발전에 기여한 공로를 인정받아 1965년에 노벨 물리학상을 받았다.

우리가 육안으로 보고 있는 세계에서는 모든 물체가 하나의 경로로 움직인다. 하지만 양자역학, 즉 눈에 보이지 않는 분자나 원자 세계에서는 입자가 하나의 경로만으로 움직이지 않는다.

야구로 예를 들자면 타자가 배트로 친 공이 다음 순간에는 60% 확률로 오른쪽 스탠드로, 40% 확률로 왼쪽 스탠드로 움직이고 있다는 것이다.

파이만은 입자의 에너지를 계산하기 위해서 입자의 모든 경로를 고려하여 합산하는 방법을 만들어내어 노벨 물리학상을 받았다. 조금 전의 예로 말하자면 야구공이 날아가는 경로를 모두 계산하여 합산한 것이다.

이것을 '경로 적분'이라고 한다. 지금까지는 확률이 지배했던 이해하기 힘든 자연현상을 눈에 보이는 경로로 표현하여 구체적이며 직감적인 계산 방법을 만들었다는 것에 커다란 의의가 있다.

양자역학의 불확실성과 관계없이, 파인만에게는 일상생활에서 생각이 너무 많아 빨리 결론을 내리지 못하는 우유부단한 면이 있었다. 파인만 자신도 이런 성격을 싫어했기 때문에 극복하기 위해 노력했다.

그가 매사추세츠 공과대학교(MIT)에 다니던 시절, 식당에는 몇 가지 종류의 디저트가 있었다. 모두 맛있어 보였기 때문에 파인만은 항상 '무엇을 먹을까…' 하고 고민했다. 어느 날 이런 사소한 선택에서도 고민하는 것은 인생의 낭비라고 생각한 그는 결단을 내렸다.

'나는 앞으로 디저트는 항상 초콜릿 아이스크림만 먹겠다.'

이 결심 그대로 파인만은 대학 졸업 후에도 초콜릿 아이스크림 이외의 디저트는 입에 대지 않았다. 그리고 이 작은 습관을 인생의 모든 선택에 적용해갔고 결코 뒤집지 않기로 했다. 한 번 결정한 사항이라면 그대로 고수하기로 다짐한 것이다.

파인만은 집중력이 매우 높았는데, 그 바탕에는 이처럼 쓸데없는 일에 신경 쓰지 않는 습관이 있었는지도 모른다.

알베르트 아인슈타인도 매일 아침 무엇을 입을지 생각하는 일은 시간 낭비라고 여겨 늘 같은 옷을 입었다. 이 습관을 그대로 스티브 잡스와 페이스북 CEO 마크 저커버그가 이어받았다. 저커버그는 같은 옷으로 가득 찬 옷장을 공개한 적도 있다.

이것은 일상에서의 선택을 최소화하여 생활을 단순하게 만들기 위한 습관이다. 사소해 보이지만 별것 아닌 일에 하는 고민을 없애면 더 중요한 것에 집중력을 발휘하게 된다.

그래도 여러 가지 디저트가 인생에 꼭 필요하다고 생각하는 독자라면 다른 상황에서 도전해보자.

아침엔 남은 수명을
생각하는 것이 좋다

패트릭 콜리슨
Patrick Collison, 1988~

아일랜드 출신의 콜리슨 형제는 실리콘밸리 역사상 최연소 억만장자(자산이 10억 달러가 넘는 사람)가 되었다. 2016년 당시 형인 패트릭 콜리슨은 28세, 동생인 존 콜리슨은 26세로, 존의 나이를 기준으로 하면 스냅챗 창업자 에반 스피겔을 제치고 최연소 억만장자가 된 것이다.

콜리슨 형제가 설립한 스트라이프는 페이팔과 같은 온라인 결제 서비스를 제공한다. 2017년 12월 기준 스트라이프의 미국 점유율은 8% 정도로 페이팔의 76%와 비교하면 매우 낮지만, 페이팔은 20년간 온라인 결제 서비스 시장을 지배한 회사이고 스트라이프는 상장조차 안 한 스타트업이라는 점을 고려하면 놀랄 만한 수치다.

스트라이프는 시가총액이 매년 두 배 가까이 증가하는, 무서운 기세로 성장 중이다. 스트라이프의 특징은 페이팔보다 이용이 훨씬 간단하다는 점이다. 미국에서 인터넷 판매 사이트를 만드는 경우, 페이팔을 사용하면 개설이 쉽지 않다. 또한 기술적인 문제가 발생했을 때 해결하기가 어렵다. 하지만 스트라이프는 단 일곱 줄의 코드를 복사해 붙여넣기만 하면 결제 서비스를 사용할 수 있다.

IT에 능숙하지 않은 자영업자 눈에 어느 쪽이 매력적으로 비칠지는 두말할 필요가 없다. 콜리슨 형제가 이 시장에 치고 나온 이유도 페이팔의 불편함을 잘 알았기 때문이다.

열 살 때부터 프로그래밍을 배운 패트릭은 중고등학생 시절에는 과학대회 단골 수상자였다. 스무 살이 되기도 전에 동생인 존과 함께 옥스퍼드 대학교 졸업생 두 명이 공동으로 설립한 실리콘밸리의 기업에 합류해 인터넷 비즈니스를 위한 거래 관리 프로그램 '옥토매틱'을 만들어 500만 달러에 매각하기도 했다.

이 성공으로 자신감을 얻은 그는 학교를 그만두고 본격적으로 사업에 뛰어들었다. 먼저 시장 선점자였던 페이팔의 복잡함, 불편함에 주목하고 그것을 가능한 한 간단하게 풀 방법을 연구했다. 결국 코드는 별도의 절차 없이 무료로 이용하도록 했고 사용자는 결제금액의 2.9%를 수수료로 스트라이프에 지불하기만 하면 되는 무척이나 간단한 구조를 고안해냈기에 회사는 빠른 성장을 이루어낼 수 있었다.

콜리슨 형제의 생활에서 가장 눈길을 끄는 것은 시간을 절약하는 습관이다. 이제 서른 살이 된 패트릭의 자택에는 여든 살까지 산다는 가정하에 남은 수명이 카운트다운되는 컴퓨터가 있다고 한다. 시시각각 인생의 남은 시간이 줄어드는 모습을 시각적으로 확인할 수 있는 것이다. 이 책 집필 시점에서는 약 50년을 나타내는 시간이 모니터에 표시되어 있을 듯하다.

패트릭은 늘 이 시간을 보면서 하루하루를 소중하게 여기자는 각오를 새롭게 다진다. 그는 이렇게 말했다.

"시간이 무한하다면 TV를 보며 즐길 수 있겠지만, 인생의 시간은 한정되어 있다."

이와 같은 자세를 가졌기에 20대에 억만장자가 된 것이 아닐까? 잘 생각해보면 스트라이프의 서비스도 페이팔의 어려움 덕분에 시간을 소비한 경험에서 떠올린 아이디어다.

여러 가지 면에서 시간을 소중하게 여기는 습관이 그들의 성공 비결이다. '또 별로 재미있지도 않은 스마트폰 게임에 시간을 허비해버렸네…'라고 매일 후회하는 독자라면 꼭 이 습관을 들여보기 바란다.

Habit

점심식사를
하지 않는 이유는?

월트 디즈니
Walt Disney, 1901~1966

월트 디즈니는 월트디즈니 사의 창업자로 애니메이션 연출가, 제작자, 애니메이션의 스토리와 캐릭터를 구상한 사람으로도 유명하다. 즉 그는 여러 방송국과 영화사를 산하에 거느린 엔터테인먼트 업계의 거대 공룡 회사에 자기 이름을 붙인 것이다. 월트 디즈니는 애니메이션을 문화적 상품이자 작품으로 만들어냈으며, 미키마우스, 도날드 덕 등 다수의 캐릭터를 개발하면서 캐릭터 산업이라는 새로운 사업 영역을 개척한 인물이기도 하다.

그의 하루는 전기로 잘 알려져 있는데 디즈니는 오전 8시에 스튜디오에 출근해 애니메이션 그림 콘텐츠부터 확인했다. 그 후 오전 시간에는 스튜디오를 돌며 직원의 근무 상황을 살폈다.

점심식사는 간단하게 샐러드처럼 소화하기 쉬운 음식과 V8 토마토주스를 마셨다. 그는 '점심을 배부르게 먹으면 두뇌가 잘 움직이지 않는다'라고 생각해 사원들의 점심 휴식시간도 짧게 했다. 디즈니는 점심을 가볍게 끝내는 대신 견과류나 크래커 등을 주머니에 가지고 다녔다. 회의와 전화 연락으로 가득한 오후 스케줄을 소화해내면서 종종 견과류나 크래커를 꺼내 먹었다고 한다. 저녁식사는 치즈마카로니나 칠리빈을 즐겼고 밤에는 회사 침실에서 자는 경우가 많았다.

일과만 보면 점심은 최소한으로 먹고, 일하면서 먹고, 잠도 회사에서 자는 등 그저 워커홀릭처럼 보이지만, 실은 그의 식사 습관은 그렇게 나쁘지 않다.

인간은 한 번에 많이 먹게 되면 혈당 수치가 급속하게 변화하여 피로를 느끼고 졸음이 온다는 것이 과학적으로 증명되었다. 그래서 대부분의 의사는 소량의 식사를 여러 번 나눠서 먹는 것이 업무 능력을 유지하는 데 최적의 방법이라고 말한다.

오후에 집중력이 저하되는 사람은 점심을 최소한으로 먹고 오후 중간중간 칼로리를 조금씩 섭취해보면 어떨까?

여담이지만 디즈니가 〈위즈덤 매거진〉이라는 잡지에 쓴 에세이에 의하면 그는 종종 '성공의 비결'이나 '꿈을 이루는 방법'에 대해

질문을 받았고 항상 간략하게 다음과 같이 대답했다고 한다.

"일하는 것밖에 없죠."

시간을 아껴가며 애니메이션 개발에 몰두했던 디즈니는 점심시간까지 일을 위해 사용했는데, 이로 인해 건강한 습관을 유지하게 됐다.

도무지 집중이
되지 않을 땐

어니스트 헤밍웨이
Ernest Hemingway, 1899~1961

어니스트 헤밍웨이는 1954년《노인과 바다》로 노벨 문학상을 받은 미국의 소설가다. 독자 중에서는 중고등학생 때 읽고 지루함을 느낀 사람도 있을지 모른다. 종종 있는 일이다.《노인과 바다》는 어느 정도 인생 경험을 쌓은 사람만이 감동을 느낄 수 있는 내용이기 때문이다. 아이에서 어른이 되어가면서 음식 취향이 변해가는 것과 비슷하다.

헤밍웨이의 특징은 간결한 문체다. 감정을 자세하게 묘사하거나 미사여구를 남발하지 않는다. 건조하게 짧은 문장으로 객관적인 사실만을 쓴다. 하지만 이 스타일이 독자의 상상력을 자극하고 감동을 최대한으로 끌어낸다.

《노인과 바다》는 내용조차 간결하다.

84일간 물고기를 한 마리도 잡지 못한 늙은 어부가 먼 바다로 나가 이틀에 걸쳐 700kg이나 되는 거대한 청새치를 잡는다. 하지만 가지고 돌아오는 도중에 상어떼의 습격을 받고 노인은 청새치를 노리는 상어를 물리치기 위해 장렬한 싸움을 벌이지만 애석하게도 역부족이다. 노인은 상어와 싸우면서 이렇게 중얼거린다.

"인간은 패배당하기 위해 만들어진 존재가 아니야. 파멸할 수는 있어도 패배할 수는 없어(A man is not made for defeat... A man can be destroyed but not defeated)."

간신히 항구에 도착하지만 청새치는 머리와 뼈만 남아 있었다. 완전히 지쳐서 집에 돌아온 노인은 곧 깊은 잠에 빠진다.

이 작품은 여러 가지가 투영된 심오한 상징의 세계를 보여준다. 독자는 바다 생물들과 계속해서 홀로 사투하는 늙은 어부에게 완벽하게 감정이입할 수 있다. 이와 같은 종류의 감동은 헤밍웨이의 간결하고 드라이한 문체가 아니라면 느낄 수 없다.

1954년 잡지 〈파리 리뷰〉의 기자가 헤밍웨이와 인터뷰하기 위해 자택을 방문했을 때의 일이다. 이때 기자는 헤밍웨이가 소설을 서서 쓰는 모습을 보게 되었다.

헤밍웨이는 타자기로 소설을 썼는데, 그 타자기가 스탠딩 데스크(서서 작업하기 위해 만들어진 책상) 위에 있었다. 기자가 왜 이런 집필 스타일을 가지게 됐느냐고 물으니 헤밍웨이는 역시나 짧게 '간결한 문장을 추구하기 위해서'라고 했다.

앉아서 쓰면 아무래도 느긋해져서 한 문장이 길어지기 쉽다. 그렇기 때문에 그는 스탠딩 책상을 사용하거나 한 발로 서 있거나 하면서 소설을 썼다고 한다.

실은 《올리버 트위스트》와 《크리스마스 캐럴》로 유명한 영국의 소설가 찰스 디킨스도 같은 습관을 가지고 있었다. 또 2차 세계대전을 연합국의 승리로 이끈 영국의 수상 윈스턴 처칠도 자주 서서 일했다고 한다.

다수의 연구에 의하면 서서 일하면 두뇌가 활성화되어 집중력이 높아진다고 한다. 반면에 동맥경화나 심근경색, 암이 발생할 위험은 낮아진다. 무엇보다 제일 좋은 효과는 일을 하면서 쓸데없는 행동을 하지 않고 최단 시간에 작업을 끝내게 된다는 점이다.

미국의 실리콘밸리도 이 효과에 주목하여 서서 일하는 '스탠딩 오피스'를 도입하는 기업이 증가하고 있다. 페이스북에서는 사원들이 스탠딩 데스크를 선택하게 했는데, 의외로 많은 사원이 원해서 현재는 250명 이상이 사용한다.

독자들도 시험해볼 만한 가치가 있는 습관이다.

하루 종일 서 있지 않아도 무언가 작업을 할 때 서서 하면 확실히 집중력이 높아지는 느낌이 들 것이다. 서 있는 것뿐이라면 돈도 들지 않으니 독자 여러분도 꼭 한 번 헤밍웨이를 따라 해보기를 바란다.

'마지막'이란 간절함이
명작을 만든다

표도르 도스토옙스키
Fyodor Dostoevskii, 1821~1881

도스토옙스키는 19세기 러시아를 대표하는 문호다. 어니스트 헤밍웨이와 프란츠 카프카, 장 폴 사르트르 등의 서양 작가뿐만 아니라 일본의 아쿠타가와 류노스케와 오에 겐자부로도 그의 영향을 받았다.

알베르트 아인슈타인이 "도스토옙스키는 어떤 과학자보다도, 그리고 위대한 제우스보다도 나에게 많은 것을 알려주었다"라고 했을 정도로 문학뿐만 아니라 철학과 과학 분야에도 그의 팬이 많다.

아인슈타인이 애독했다고 하는 《카라마조프 가의 형제들》을 시작으로 도스토옙스키의 작품에는 종교, 생과 사, 정신과 육체 등

철학적인 문제를 파고드는 작품이 많다. 소설의 형태를 띤 종교서나 철학서라고 해도 될 정도다.

도스토옙스키에게는 하나하나를 자신의 마지막 작품이라고 생각하며 집필하는 습관이 있었다. 왜 이렇게 생각하게 됐느냐 하면 그의 인생에 일어난 어떤 극적인 사건이 크게 영향을 미쳤기 때문이다.

당시 러시아는 황제가 통치하는 동시에 '프랑스혁명'의 영향이 유럽 전역에 퍼져가고 있던 시기였다. 도스토옙스키는 친구들이 농노(농업 노동자)의 자유를 위한 봉기를 계획하고 있음을 알고 자신도 참여했다. 하지만 이는 정부 스파이에 의해 탄로가 나 그는 23명의 친구와 함께 체포되어버린다.

총살형을 선고받은 도스토옙스키는 형장에서 장교가 읽어주는 선고문을 들으면서 사고가 혼탁해져가는 것을 느꼈다. 교회의 종탑을 비추던 햇빛이 넓게 퍼진 구름 사이로 사라져가는 것을 보며 도스토옙스키는 이렇게 생각했다.

'만약 내가 여기서 죽지 않는다면, 살아갈 수 있다면, 내 인생은 영원한 것처럼 느껴지겠지. 살아남는다면 앞으로는 인생의 1초도 낭비하지 않을 테다.'

마침내 머리에 두건이 씌워졌고 병사가 총을 발사하려고 했다. 바로 그때 형장에 마차가 도착하여 황제가 특별히 그들의 형을 감형했다고 알렸다.

도스토옙스키는 사형당하는 대신 극한의 환경인 시베리아에 보내져 4년간 중노동을 하게 됐다. 상상할 수 없는 고초를 견디면서 그는 머릿속으로 여러 작품을 구상했다.

시베리아에서 돌아온 도스토옙스키는 사람이 바뀌었다고 한다. 작품 하나하나가 자신의 유작이라고 생각하고 끊임없이 혼신의 힘을 불어넣어 《죄와 벌》《백치》《악령》《카라마조프 가의 형제들》 등의 역작을 발표했다.

현대의 우리는 인터넷이나 스마트폰 등 마음만 있다면 심심하지 않게 지낼 수 있을 정도로 여러 가지 문명의 이기에 둘러싸여 있다. 세계의 기업은 다양한 제품을 개발하여 우리의 한정된 시간을 어떻게 없애버릴지 혈안이 되어 있다.

'눈앞에 총이 들이밀어지자 살아남는다면 앞으로는 인생의 1초도 낭비하지 않을 테다'라고 생각했던 도스토옙스키의 철학은 그 작품과 함께 전해질 것이다.

시끄러운 장소가
능률을 높이는 이유

요한 루트비히 폰 노이만
Johann Ludwig von Neumann, 1903~1957

헝가리 출신의 폰 노이만은 20세기 과학사에서 매우 중요한 인물이다. 수학자로서 '게임 이론'의 성립에 공헌했을 뿐만 아니라 그 개념을 경제학으로 끌어들였다. 컴퓨터가 발명됐을 때 그가 제안했던 프로그램 내장 방식은 현재 컴퓨터의 기본적인 구조가 되기도 했다. 지금 우리가 당연하게 접하고 있는 '하드웨어와 소프트웨어의 분리'라는 개념을 만든 것이다.

일반적으로 폰 노이만 같은 천재 과학자는 조용한 연구실에서 홀로 묵묵히 연구에 몰두한다는 이미지가 있지만, 폰 노이만의 경우는 시끄러운 음악이나 떠들썩한 장소를 무척 좋아했다. 일부러

나이트클럽에 연필과 종이를 가지고 가기도 했다. 아내도 시끄러우면 시끄러울수록 그에게는 좋다고 말했을 정도다.

오히려 조용한 장소를 지루하게 느껴 대학 연구실에서도 신경 쓰지 않고 노래를 크게 틀었기 때문에 옆방의 교수가 화가 나 항의하러 오기도 했다(참고로 그 교수는 알베르트 아인슈타인이다).

폰 노이만과 같은 천재의 존재는 조용한 장소에서 일하는 것만이 정답은 아니라는 것을 알려준다. 일리노이 대학교의 연구논문에 의하면 카페의 웅성거리는 잡음이 창조성과 업무 효율성을 높인다고 한다. 숲 소리나 멀리 떨어진 도로의 소리 등도 같은 효과가 있으며, 이를 '화이트 노이즈'라고 한다. 그래서 현대에는 비 내리는 소리나 잡담 소리를 웹사이트에서 다운받아 화이트 노이즈를 들으며 일하는 사람도 있다. 이 습관에는 또 다른 목적이 있다. 조용한 장소를 좋아하여 '시끄러우면 집중할 수 없다'라고 불평하는 사람은 '조용한 곳에서만 집중할 수 있다'라는 생각이 징크스가 되어 약간의 소리에도 업무 능력이 저하되는 경우도 많다. 하지만 현실에서는 프리랜서가 아닌 한 사무실에서 다른 사람의 이야기 소리나 전화 착신음 속에서 일하는 경우가 대부분이기 때문에 완벽하게 조용한 장소는 존재하지 않는다.

화이트 노이즈 속에서 생각하는 습관은 이런 업무 환경에서 소리에 대한 내성을 길러주는 훈련이 되기도 한다.

잠재력을 깨우고
집중력을 높이는 기술

조너선 아이브
Jonathan Ive, 1967~

조너선 아이브는 아이폰, 아이패드, 아이맥 등을 디자인한 애플의 디자인 총괄 수석 부사장이다. 그의 디자인 특징은 미니멀리즘적인 접근으로 쓸데없는 요소를 모두 제거하여 쾌적한 사용감을 최대화시키는 것이다. 그는 현재 산업디자인 부문에서 최고의 지명도를 가진 거장이다.

그런데 산업디자인이 창의적인 일이기는 하지만, 그 과정이 항상 흥미진진하고 손에 땀을 쥐게 하지는 않는다. 디자이너들은 아이디어를 구현하여 사용감을 확인하기 위해 스티로폼 등을 사용해 실제 제품과 같은 모형을 만들기도 해야 하는 등 상당히 지루한 작업이 뒤따른다.

즉 아이디어를 짜내는 것이 1%라면 99%가 모형을 만드는 등의 단순 노동이라고 해도 과언이 아니다. 만화 그리기나 애니메이션 제작에도 비슷한 면이 있다. 창조적인 작업일수록 단순 노동을 견뎌야 한다니, 이것도 일종의 아이러니로 볼 수 있다.

지루하지만 꼭 필요한 단순 노동을 즐기기 위해서 아이브에게는 온종일 트랜스 음악을 들으면서 일하는 습관이 있다. 그는 트랜스 음악을 좋아해서 일부러 영국에서 대형 스피커를 들여와 사무실에 설치했다고 한다.

'단순한 일을 할 때 음악을 들으면 생산성이 높아진다'라는 연구 결과도 있기에 이 습관에는 유용성이 있다. 또한 음악을 들으면 뇌에서 이른바 '행복 호르몬'이라고 불리는 도파민이 분비된다고 한다.

〈해리 포터〉 시리즈로 알려진 J. K. 롤링도 매일 밤 차이코프스키 곡을 들으면서 집필한다. 이것은 음악이 단순 노동에 재미를 더해준다는 간접적인 증거다. 창조적인 성과는 즐거운 환경에서만 만들어지기 때문이다.

대다수 일본 회사는 음악을 들으며 일하는 것을 허용하지 않지만, 급성장한 글로벌 기업인 구글이나 마이크로소프트 사 등의 사업 초기 사례를 살펴보면 업무와 음악이 떼려야 뗄 수 없는 관계였다는 기록이 많아 과연 음악 듣기를 금지하는 것이 좋은지 의문이 생긴다. 만약 독자의 업무 환경이 자유롭다면 지루한 일을 할 때는 음악을 벗 삼아보기 바란다.

자기만의 도핑에
몸을 맡기다

오노레 드 발자크
Honore de Balzac, 1799~1850

오노레 드 발자크는 프랑스를 대표하는 문호다.《삼총사》의 알렉산드라 뒤마와《레미제라블》의 빅토르 위고는 동시대의 작가로 서로 친구 관계였다.

뒤마가 모험을, 위고가 인간 찬가를 그렸다고 하면, 발자크의 작품세계는 위선적인 사회에서 고뇌하는 인간이 주요 주제였고 사회 탓에 비참하게 죽어가는 인물도 많이 등장한다. 대표작《고리오 영감》에서는 특히 그 경향이 두드러진다.

왜 이렇게 사회의 어두운 부분을 주제로 했는가 하면 대학 시절 교수에게 재능을 인정받지 못하기도 했고(교수는 발자크가 소설가가 되는 것만은 어떻게 해서든 막아야 한다고 발자크의 어머니에게 말했다고 한다), 출판업을 시작했지만 도산하여 거액의 돈을 날리는 등 젊었을 때 꽤 어두운 인생을 보냈기 때문이다.

발자크는 다작 작가로도 알려져 있다. 하루에 15시간이나 일했는데, 매일 평균 50잔의 커피를 마시는 습관으로 이 업무를 지탱해나갔다고 한다. 출판업에 실패하여 파산 직전이었기에 돈을 갚기 위해 목숨 걸고 일할 수밖에 없었다.

당시에는 단어 수로 원고료를 받았기 때문에 발자크는 미친 듯이 많은 글을 써냈다. 특히 작품세계에 몰두하기 위해 모두가 자는 조용한 밤에 집필했는데 오전 1시에 일어나 아침식사(?)를 하고 커피포트에 가득 만들어 둔 커피를 끊임없이 마시며 작업했다. 그는 "커피는 내 인생의 위대한 원동력이다. 나는 커피의 효과를 전신으로 느끼고 있다"라고 했다.

커피는 그의 상상력을 자극하는 마법의 물질이었다. 마시면 머릿속에서 아이디어가 넘쳐흘러 미처 글로 적을 새도 없을 정도였다고 한다.

발자크는 자신이 마실 커피의 원두를 직접 샀는데, 좋은 커피를 구하기 위해서 파리 시내를 돌며 한나절을 소비할 정도로 집착을 보였다. 맛있는 커피가 없는 지방으로 여행을 갈 때는 미리 준비하기도 했다. 이랬기 때문에 커피에 대한 지식이 많아져, 커피의 효능에 대해 글을 쓰기도 했다.

많은 천재가 뇌를 자극하기 위해 중독성 물질을 이용했다는 것이 여러 기록으로 알려져 있다. 빌 게이츠가 젊은 시절 매일 12병의 콜라를 마시면서 프로그래밍했다는 이야기도 유명하다. 발자크와는 다른 마실 것이지만 카페인을 이용하여 뇌의 중추신경을 각성시키는 원리는 같다.

알베르트 아인슈타인은 생각할 때 담배를 애용했다. 파이프 담배를 피우면서 연구실을 돌아다니며 사색하는 모습은 그의 트레이드마크였다. 물론 아동용 위인전에는 이런 내용이 실려 있지 않다(단, 아인슈타인 시대에 담배의 유해성이 증명되었다면 금연했을지도 모른다).

운동선수가 기록을 향상시키려고 금지약물을 이용하다 처벌받는 뉴스를 종종 보게 되는데, 일반인은 법에 저촉되거나 건강에 심각한 해를 끼치지 않는 한 얼마든지 자신의 능력을 각성시키는 물질을 섭취하는 것이 허락된다.

물론 건강을 고려해야 하지만 카페인이든 포도당이든 나에게 효과가 좋은 물질을 찾았다면 적극적으로 활용하여 업무 능력을 높이자.

즐길 권리를
놓치지 마라

알렉산더 플레밍
Alexander Fleming, 1881~1955

알렉산더 플레밍은 페니실린을 발명한 영국의 세균학자다. 항생제가 얼마나 많은 인류를 구했는지 생각해보면 인류 역사상 엄청나게 중요한 인물 중 한 명으로 꼽힐 자격이 있다.

실제 그는 〈타임스〉지가 선정한 '20세기 가장 중요한 100인' 중 한 명으로 뽑혔다. 또한 그 업적으로 1945년 노벨상을 받았다. 하지만 이는 '전염병으로 힘들어하는 인류에 공헌하자'라며 노력하여 성취한 발견은 아니다. 사실 딱히 무슨 목적이 있었던 것은 아니고 세균이 좋아서 매일 관찰하며 놀다가 우연히 발견했다.

그는 1881년 스코틀랜드의 농가에서 태어났다. 어린 시절부터 머리가 좋았기에 런던에서 의사로 일하던 형의 지원을 받아 열심히 공부했고 런던의 명문 대학교인 왕립과학기술학원(지금의 웨스트민스터 대학교)에 입학하여 우수한 성적을 거뒀다. 그 후 세인트메리 병원(지금의 임페리얼 칼리지 런던)에서 의사 면허를 취득한 뒤 의대 교수가 됐다.

이것만으로도 꽤 출세했다고 볼 수 있지만, 재미있는 부분은 지금부터다.

플레밍에게는 매일 세균을 가지고 노는 습관이 있었다. 세균으로 문자를 만들어보고 다양한 색을 사용해 세균으로 그림을 그려보기도 했다.

논다고 표현하기는 했지만 세균으로 그림을 그리는 것은 간단한 일이 아니다. 상당히 전문적인 기술이 필요하다. 적절한 농도, 온도, 영양 상태 등의 조건을 통제해야 했다. 그 바탕에는 '세균에 대해서 더 알고 싶다'라는 명확한 열정이 있었다.

그는 감기에 걸렸을 때 자신의 콧물을 다른 세균과 섞어 관찰하기도 했는데, 감기에 걸렸을 때의 콧물에 면역 효과가 있는지 아닌지 알고 싶었기 때문이었다.

어느 날, 그는 실수로 연구실의 세균 샘플을 제대로 처리해놓지 않은 채 휴가를 떠났다. 돌아왔을 때 플레밍은 세균 샘플에 곰팡이가 발생한 것을 발견했다. 평범한 사람이라면 '아니, 내가 이런 실수를 하다니…'라고 하거나, 불평하면서 샘플을 파기하겠지만 플레밍은 달랐다. 여기에 무엇이 살고 있는지 확인하고 싶어 엉망이 된 샘플을 관찰했다.

그리고 곰팡이가 세균을 죽이고 있는 것을 발견했다.

이것이 페니실린이다. 플레밍의 사례 이외에도 여러 가지 천재의 업적을 조사해보면, 사명감 없이 논다는 감각으로 성취해낸 일도 많음을 알 수 있다.

중국의 대사상가, 공자는 말했다.

"아는 사람은 좋아하는 사람만 못하고, 좋아하는 사람은 즐기는 사람만 못하다."

플레밍의 습관이야말로 즐기며 놀듯이 일하는 사람이 최강이라는 것을 알려준다.

2장

어떤 습관은 왜 계속하고 싶을까?

부자로 태어나지 않아도
성공한 3가지 비결

손정의
孫正義, 1957~

소프트뱅크 그룹의 창업자인 손정의는 〈포브스〉 선정 일본 부자 순위 목록에 단골로 이름이 오른다. 2017년부터는 연속해서 1위에 이름을 올렸다. 그룹의 시가총액에 따라 변동되기는 하지만, 오랜 시간 살아남은 IT 부자가 적은 일본에서는 이색적인 존재다.

그는 19세 때 캘리포니아 대학교 버클리캠퍼스로 유학을 가 경제학을 전공했다. 당시 먹고 자는 것 외의 모든 시간을 공부에 사용했는데, 갑자기 일본에 있던 아버지가 병으로 쓰러져 가족이 보내주는 매월 20만 엔의 유학 자금이 중단될 위기에 처했다.

결국 직접 돈을 벌지 않으면 가족에게 폐를 끼치게 될 상태가 되었고 이를 계기로 그는 '하루 5분만 일해서 월 100만 엔 이상 버는 방법은 없을까?' 하고 진지하게 고민했다. 친구는 놀라서 '바보 같은 생각은 버리고 카페에서 아르바이트하는 게 어때?'라고 조언했지만, 손정의는 굴하지 않고 실용화가 가능한 발명을 해서 기업에 팔면 되지 않을까 생각했다. 그리고 매일 5분만 투자하여 하루에 하나씩 발명하는 습관을 익혔다.

그 습관에는 두 가지 원칙이 있었다. 첫 번째, 매일 5분만 생각한다. 두 번째, 만일 아이디어가 없다면 그날은 그대로 단념한다. 그렇게 매일 계속해서 5분 발명을 하다 보니 발명에도 법칙이 있다는 것을 깨달았다. 손정의는 이 법칙을 세 가지로 분류했다.

첫 번째, '문제 해결법'. 이름 그대로 이미 있는 문제를 찾고 그 해결법을 생각한다.

두 번째, '수평적 사고법'. 예를 들자면 커다란 것을 작게, 작은 것을 커다랗게, 사각형인 것을 둥글게 바꾼다.

세 번째, '강제 결합법'. 라디오와 카세트를 조합하면 카세트 라디오가 되듯 이미 있는 물건을 조합한다.

'강제 조합법'을 가장 많이 활용한 손정의는 이를 위해 300장의 카드를 만들어 그중 무작위로 두 장을 선택해 결합해봤다고 한다.

계속해서 이 습관으로 많은 아이디어를 모으고, 그중 가장 성공 가능성이 큰 아이디어를 선택했는데 그것이 바로 '음성 자동번역 기'다. 손정의가 교수를 설득하여 음성 자동번역기를 발명해 샤프에 팔았다는 일화는 유명하다.

그의 습관에 재미있는 부분은 발명이라는 창조적인 행위에 '매일 하나'라는 기준을 정했다는 것이다. '매일 5분'이라는 시간 제한도 집중력을 높이는 효과가 있다.

평생 또는 필요한 시기에 좋은 아이디어가 나올 때까지 계속할수 있으며 무엇보다 누구나 따라 할 수 있는 범용성이 높은 습관이다.

Idea

과거의 메모엔
무엇이 적혀 있을까?

쿠엔틴 타란티노
Quentin Tarantino, 1963~

쿠엔틴 타란티노는 〈원스 어폰 어 타임〉〈킬 빌〉 등으로 알려진 미국의 영화감독이다. 그는 아이큐 160의 천재 감독으로 1994년의 〈펄프 픽션〉과 2012년의 〈장고: 분노의 추적자〉로 두 번이나 아카데미 각본상을 받았다.

일반적으로 대다수 할리우드의 초대작 영화는 진부하고 누구나 전개를 예상할 수 있는 판에 박힌 방식의 스토리라며 자주 비판을 받는다. 어디선가 본 듯한 주인공이 자못 있어 보이는 사건과 마주하면서 흔한 방법으로 해결하고, 전형적인 해피 엔딩을 맞이하며 CG(컴퓨터 그래픽스)에만 돈을 쏟아붓는 별 볼일 없는 영화라는 말을 듣는다.

하지만 타란티노의 영화는 이런 할리우드의 영화 공식과 전혀 다르다. 관객은 스토리가 어떻게 진행될지 예측하기 힘들다.

심지어 주인공이었던 남성이 하찮은 실수로 어이없이 죽어버리기도 한다. 주인공을 죽이려고 했던 폭력 조직의 보스가 동성애사의 소굴에서 헤매다가 남성들에게 강간당하고…. 이것은 67회 아카데미 각본상을 받은 〈펄프 픽션〉의 실제 내용이다. 이처럼 독특한 블랙 유머와 의외의 스토리가 타란티노 감독의 트레이드마크다.

이런 엉뚱한 전개는 '자, 지금부터 영화 시나리오라도 써볼까' 하고 책상 앞에 앉아 생각한다고 떠오르지 않는다.

타란티노에게는 늘 새로 들은 농담이나 친구가 잡담하면서 던진 재미있는 말을 즉시 메모하는 습관이 있었다. 친구끼리 모여 맥주를 마시면서 떠든 후, 집에 돌아오면 부지런히 조금 전 친구가 이야기한 재밌는 농담을 떠올려 써두는 것이다.

이와 같은 메모 습관은 그가 시나리오를 집필하는 데 많은 도움이 되었다. 아무리 머리가 잘 돌아가는 영화감독이라도 아무것도 없는 상태에서 아이디어를 짜내는 것은 불가능하기 때문이다.

한 달 전에 친구에게 들은 농담, 1년 전에 파티에서 들은 어떤 인물에 관한 무용담, 몇 달 전 거리에서 갑자기 생각난 아이디어…. 메모를 참고하면서 시나리오를 구성하면 책상 앞에서 머리만 쥐어짜서는 생각할 수도 없는 내용 전개가 가능하다.

이 작은 습관은 시나리오를 쓰지 않는 우리도 따라 해볼 가치가 있다. 메모하는 습관으로 한 달 전 아이디어나 1년 전 들은 이야기를 활용해 지금 하는 일에 도움을 받을 수 있다.

지금 당신이 한 사람 몫의 실력을 갖추고 있다면 과거의 체험을 더하면 한순간이지만 두 사람, 세 사람, 네 사람 분의 능력을 발휘할 수 있다. 평범한 사람도 능력자로 만들어주는 습관이다.

Idea

세계 1인자가 될 수 있었던
기획의 힘

토머스 에디슨
Thomas Edison, 1847~1931

멋있는 프레젠테이션이라고 하면 많은 사람이 스티브 잡스를 떠올린다. 애플의 신제품을 발표할 때 관중 앞에서 새로운 제품을 극적인 연출로 보여주는 잡스의 테크닉은 비즈니스 프레젠테이션의 표본이 되었다.

하지만 이와 같은 프레젠테이션 방식의 원조는 잡스가 아니다. 의외이겠지만 발명왕으로 알려진 토머스 에디슨이 시조다. 실은 그가 발명의 대명사와 같은 존재가 된 것도 이런 능력 덕이 크다. 잘 조사해보면 그는 온전히 자력으로 발명품을 만들어낸 적이 한 번도 없다.

혹시 조지프 스완이라는 사람을 아는가? 아마 그의 이름을 들어본 적이 없을 것이다. 실은 현대와 같은 형태의 전구를 발명한 사람은 에디슨이 아니다. 제임스 보먼 린지라는 사람이 1835년에 발명한 원시적인 전구를 조지프 스완이 1860년에 현재와 같은 형태로 완성했다.

그렇다면 에디슨은 무엇을 했을까?

에디슨은 대나무를 이용한 필라멘트를 사용하면 스완이 발명한 전구 수명이 연장된다는 것을 발견했다. 심지어 이는 스완과 공동 연구한 결과였으니 어떻게 생각해도 전구의 발명에는 에디슨보다도 스완의 공헌이 크다고밖에 할 수 없다.

그렇다면 왜 우리는 스완이라는 대발명가의 존재조차 잊고 있을까? 그것은 에디슨이 뛰어난 프레젠테이션과 홍보 능력으로 대중들에게 자신을 각인시켰기 때문이다. 스완은 얌전하게 실험에 몰두했을 뿐, 인상적인 프레젠테이션으로 전구가 자신의 발명품이라고 홍보하지 않았다.

대나무 필라멘트를 발견하기까지 에디슨이 실험한 전구는 불과 5분밖에 빛나지 않아 상용화가 불가능했다. 하지만 에디슨은 한 기자를 연구실로 초대해 자신의 전구에 불을 켜 보여준 다음, 4분이 지났을 무렵 기자를 밖으로 데려갔다.

"저 전구는 얼마나 오래 빛날 수 있습니까?"

기자가 질문하자 에디슨은 태연하게 대답했다.

"반영구적입니다."

왜 거짓말을 했느냐면 에디슨의 이름이 신문에 크게 보도되기만 하면 거액의 투자를 받을 수 있기 때문이다. 그는 혼자서 발명하지 않고 많은 사원과 함께 작업했다. 인재를 고용하기 위해서는 돈이 든다. 그가 항상 멋진 프레젠테이션을 추구한 습관을 지닌 이유도 화제가 되면 돈을 모을 수 있기 때문이다.

머지않아 에디슨이 이끈 연구소는 대나무를 이용한 탄소 필라멘트를 사용하면 전구가 일상생활에 사용할 수 있을 정도로 오래 빛난다는 것을 발견했다.

그러면 일반적으로는 기자들을 모아 전구의 성능을 보여주는 발표회를 열겠지만, 에디슨은 더욱 극적인 효과를 노렸다. 다시 한 번 발명왕이 아닌 홍보왕 에디슨의 실력을 보여주는 부분이다. 거리의 이곳저곳에 전구를 설치한 뒤 밤이 됐을 때 전구에 불을 켜 거리를 번쩍번쩍하게 비추는 이벤트를 결행한 것이다. 상상해 보라, 깜깜한 거리에 맨 처음 빛이 비춰지는 광경을. 정말 인상적인 모습이었을 듯하다.

결국 기대한 대로 전 세계의 주목을 모으는 데 성공했다.

앞서 말한 것처럼 동시대에 전구를 연구한 발명가는 많다. 스완의 발명이 특히 잘 알려졌고, 나중에는 누가 오래 빛나는 소재를 찾아내는지 경쟁했다. 에디슨은 누구도 생각지 못한 물건을 만들어낸 발명가라기보다 능란한 광고 전략으로 투자를 받고 인재를 고용해 경쟁에서 승리한 기업가다.

에디슨의 사례에서도 알 수 있듯이 비즈니스는 성과를 내는 것 이상으로 결과물을 인상적으로 보여줄 방법을 연구해야 한다. 주위에 강한 인상을 준다면 같은 능력의 다른 사람보다 한발 앞설 수 있다.

종잇조각의 아이디어를
정리하는 법

J. K. 롤링

— Joan K. Rowling, 1965~

〈해리 포터〉 시리즈는 현대 출판물 중 가장 성공한 콘텐츠로 불리며 원작자 J. K. 롤링은 이 시리즈로 인생이 바뀐 사람으로 유명하다. 사회보장국에서 생활보호비와 주택 수당을 받던 그녀는 '일하면서 공상만 한다'라는 이유로 해고당한 적도 있다.

그녀가 출판사에 〈해리 포터〉 시리즈를 팔려고 했을 때 무려 열두 곳의 출판사에 거절당한 것도 유명한 이야기다. 그 이유는 '아동용 이야기치고는 너무나도 길고 복잡하다' '글 분량이 너무 많다'였다.

하지만 이는 잘못된 판단이었음을 지금은 모두가 알고 있다.

롤링은 작품을 집필하기 전에 칼라 펜으로 등장인물들의 관계도를 만드는 습관이 있다. 그녀는 추리소설도 썼는데 그때는 용의자는 붉은색, 레드헤링(추리소설에서 독자가 범인을 간단히 알아낼 수 없도록 주의를 딴 데로 돌리는 역할을 하는 사람이나 물건)은 파란색이라는 방식으로 알기 쉽게 구별했다. 이렇게 아이디어를 종이에 정리하고 나중에 컴퓨터로 글을 입력한다.

요즘은 컴퓨터나 스마트폰에 입력하여 끝내려고 하는 사람이 많지만 아이디어를 내거나 생각을 정리할 때는 아직 종이가 좋다. '컴퓨터에 타이핑한 사람보다 손으로 종이에 쓴 사람일수록 두뇌 활동이 활발해진다'라는 연구 결과도 있다.

나아가 색으로 구별하면 정보가 몇 가지 종류로 정리되어 사고가 더 체계화되는 장점도 있다. 작지만 매우 효율 좋은 습관이다.

Idea

투자의 신은 2년 후를
어떻게 예측할까?

고레카와 긴조
是川銀藏, 1897~1992

고레카와 긴조는 '일본의 워런 버핏'이라고 불리는 투자가다. 그는 1981년 스미모토 광산에 투자해 대성공하여 2년 후 고액 납세자 순위에서 1위를 기록했다. 주식 투자가로 알려졌지만, 실은 부동산에 투자하고 회사를 설립하거나 광산을 운영한 적도 있다.

전쟁 직후인 1950년 말 그는 신문의 경제란을 읽고 일본 정부가 경제 활성화를 위해 전국적으로 공공사업을 진행하리라고 예측했다. 몇 년 이내에 부동산 가격이 상승하겠다고 생각하고 부동산 투자를 시작해 3억 엔을 벌었다. 그 후 건설 열풍에 따라 건축자재 수요가 증가하겠다고 보고 1977년 일본 시멘트에 투자한다.

당시 이 회사의 주식은 인기가 전혀 없었지만 또다시 예측이 적중하여 주가가 폭등했다.

고레카와는 젊은 시절에 '태평양전쟁'을 예상하기도 했다. 각국의 예산 계획을 조사하다가 미국이 급속하게 군사 예산을 늘리는 것을 보고, 일본과 미국의 전쟁이 가까워졌다고 파악한 그는 한국으로 건너가 고레카와 광업을 세웠다. 전쟁이 발발하면 군에 대량의 철이 필요하기 때문이다. 고레카와의 예측은 적중했다. 하지만 일본이 패전하자 회사는 도산했고 그는 모든 것을 잃기도 했다.

그의 투자 성공 사례를 조사하면 상당히 정확하게 예측을 했음을 알 수 있다. 비결은 투자하지 않을 때도 항상 경제 동향을 살펴 2년 후의 변화를 예측하는 습관에 있다.

그렇다고 그가 일반인이 알지 못하는 정보를 얻을 수 있었냐 하면 그렇지는 않다. 고레카와의 정보 원천은 오로지 경제지 하나였다고 한다. 중요한 경제 뉴스를 모두 파악하고 관련된 정부 보고서나 통계자료를 분석하여 투자에 활용했다.

주식 투자, 특히 장기 투자는 끈기가 필요하기에 따분하다는 이미지도 있어 도전하지 않는 사람도 많을 것이다. 하지만 고레카와처럼 '자, 2년 후를 예측해볼까' 하고 게임처럼 접근하면 경제를 공부하는 동기가 생기지 않을까? 1년 후도, 10년 후도 아니라 2년이라는 기간이 절묘하다. 10년 후를 예측하기 위해서는 여러 전문 지식이 필요하고, 1년 후는 너무 짧다. 일반인에게 공개된 정보로 정확하게 예측할 수 있는 기간은 딱 2년 정도다.

그는 이렇게 말했다.

"인간에게는 평생 두 번 혹은 세 번의 기회가 온다. 그것을 살릴지, 죽여버릴지는 평소의 노력과 정진, 그리고 이론의 구축과 실천으로 사고 훈련을 했느냐 아니냐에 달려 있다."

투자가 아니라도 자신이 종사하는 비즈니스와 관련해 2년 후 환경을 예측해보면 인생 계획 세우기에도 활용할 수 있다.

천재 수학자의
'바보라고 생각하기' 기술

히로나카 헤이스케
広中平祐, 1931~

히로나카 헤이스케는 '특이점 해소'와 관련된 연구로 '수학의 노벨상'이라고 불리는 필즈상을 일본인으로서 두 번째로 받았다.

필즈상 수상 자격은 40세 이하의 수학자로 한정되어 있다. 이 나이 제한은 수학이라는 학문이 상당히 젊었을 때만 위대한 업적을 이룰 수 있는 가혹한 분야라는 것을 단적으로 보여준다. 마치 나이를 먹으면 은퇴할 수밖에 없는 프로 스포츠의 세계 같다.

겸손한 성격으로 알려진 히로나카는 스스로를 남들보다 느리고 요령 없는 사람이라고 말하는데, 속아서는 안 된다. 누구도 해결하지 못한 수학 난제를 풀어 필즈상을 받는 것은 천재가 아니라면 불가능한 위업이기 때문이다.

그렇다면 그가 연구한 '특이점 해소'는 무엇일까? 자세한 수학 내용을 생략하면 비교적 간단하게 설명할 수 있다. 스프링에 빛을 비춰 그림자를 만들었다고 하자. 비추는 각도에 따라 그림자는 'W' 형태가 된다. 3차원의 스프링이 2차원에서는 'W' 형태가 되는 것이다. 반대로 말하면 2차원의 'W'를 3차원으로 변환하면 스프링 모양이 된다.

수학에서 말하는 '특이점'은 이 예에서 'W'의 예각 부분에 해당한다. 'W'라는 각진 형태가 차원을 높이면 부드러운 스프링 형태가 된다. 히로나카가 증명한 것은 이렇게 모든 특이점은 차원을 높이면 사라져버린다는 것이다.

많은 수학자가 직감했던 부분이기에 증명에 도전한 수학자도 많았지만 어려워서 성공한 사람은 없었다. 히로나카는 그것을 증명한 업적으로 필즈상을 받았다.

이와 같은 난제를 해결하기 위해서는 우수한 두뇌만 필요한 게 아니다. 마음의 부담을 가볍게 해주는 것도 중요하다. '특이점 증명'과 마찬가지로 수학 분야에는 몇 개의 유명한 난제가 있어 세계의 천재들이 앞다투어 해결하려 달려드는데 너무 어려워 증명을 위한 논문이 수백 페이지에 이르는 경우도 종종 있다. 당연히 투자해야 할 시간도 엄청나다.

그런데 한 문제를 증명하기 위해 4년이 걸렸다고 해도 다른 사람이 먼저 해버리면 모두 물거품이 된다. 그렇다고 해서 '절대 놓치지 않을 거야! 내가 세계 최초로 증명해볼 테다!'라고 각오를 다져봤자 유연한 사고에 방해만 될 뿐이다. 애초에 노력만으로 되는 세계가 아니다.

히로나카에게는 어려운 문제에 도전할 때 '나는 바보이기 때문에…'라고 중얼거리는 습관이 있었다. 이렇게 하면 자신이 문제를 풀지 못하는 이유는 바보이기 때문에 당연하고 '만약 푼다면 럭키!'라고 생각할 수 있어 마음의 부담이 극적으로 줄어든다.

'나는 바보니까…'라고 중얼거리는 것만 보면 매사 부정적이고 생산성도 없어 보이지만, 히로나카에게는 마법의 말이 되었다.

벤처기업을 창업하려는 내 지인은 '어차피 나는 잃을 것이 없다'라고 스스로에게 말하고 도전에 나섰다. 정말 그렇게 생각하는지 아닌지는 별개로 마음의 부담을 가볍게 하는 자신만의 말을 찾아보는 것은 작지만 좋은 습관이다.

매일매일 영감에
집착하는 습관

고지마 히데오

小島秀夫, 1963~

영화는 메가폰을 잡는 감독이 중요하지만, 게임의 경우는 그렇지 않다. 일반적으로 사용자가 '○○감독의 게임이라면 분명 재밌겠지!'라며 게임을 시작하는 경우는 거의 없다. 하지만 고지마 히데오 감독은 예외다. 그가 참여한 게임에는 감독의 개성이 이래도 되나 싶을 정도로 반영되어 있다. 대표작인 스파이 액션 게임 〈메탈 기어 솔리드〉 시리즈는 지금까지의 게임에는 없었던 잠입 액션이나 영화 같은 연출로 국내외 팬에게 좋은 평가를 받고 있다.

일반적으로 액션 게임 사용자는 남성이 많지만, 고지마의 게임은 평소 게임을 하지 않는 젊은 여성에게도 인기가 높은 것이 특징이다.

그는 매일 오전 6시 30분에 출근하여 1시간 정도 명상을 한다. 그리고 아무리 바빠도 늘 책상에서 1시간 반은 영화를 본다. 고지마의 아버지에게 영향을 받은 습관으로 그는 매일 가족과 한 편의 영화를 보는 것이 일과였다고 한다.

고지마의 게임에 영화 같은 연출이 많은 이유도 이 때문이다. 그는 원래 영화감독이 되고 싶었다고 한다. 하지만 게임 회사 코나미에 입사하게 되었다. 당시는 게임기의 3D 그래픽 성능이 낮았기 때문에 최초의 '메탈 기어' 시리즈에는 영화와 같은 연출을 넣는 것이 불가능했지만, 기술이 그의 상상력에 근접하자 고지마는 영화 요소를 많이 사용하여 매력적인 게임을 발매해 이 분야의 선구자로서 명성을 얻었다.

할리우드 배우 톰 크루즈도 비슷한 습관을 가지고 있다. 그의 경우는 하루에 한 편 보는 것에 그치지 않고 소리를 끄고 보기도 한다. 영화 연출에 집중하기 위해서다. 연출을 더 잘 이해하여 배우로서 성장하고 싶다는 이유에서다.

그들은 자기 일과 관련 있기 때문에 영화를 봤지만 모든 직업이 영화와 관련 있는 것은 아니다. 영화에 국한하지 않고 자기 일에 영감을 주는 무언가를 아무리 바빠도 매일 섭취하는 습관을 익힌다면 확실하게 자신을 성장시킬 수 있다.

**Idea** 〰〰〰〰〰〰〰〰〰〰〰〰〰〰〰〰〰〰〰〰〰〰〰

세계 최고의 디자이너가
좋아한 장난감은?

이브 생 로랑
〰〰〰〰〰〰〰〰〰〰〰〰〰〰〰 *Yves Saint Laurent, 1936~2008*

이브 생 로랑은 '20세기 패션계의 황제'로 불린다. 10대 무렵 그는 옷을 갈아입히는 인형을 만들어 노는 습관이 있었다고 한다. 그가 14세 때 만든 인형은 이브 생 로랑 재단에 지금도 소중하게 보관되어 있다.

패션 잡지에서 오려낸 모델의 사진에 자신이 그린 드레스나 스커트 등의 옷을 붙여 다양한 디자인을 테스트하기도 했는데 이것을 단순한 '인형 놀이'로 경시하면 안 되는 이유는 21세 때 그가 디올의 수석 디자이너가 되었기 때문이다. 즉 인형 놀이로 단련한 실력으로 파리 최대의 패션 브랜드 사에서 디자인 리더가 된 것이다.

이 습관으로 얼핏 보면 진지함과 거리가 먼 놀이도 일에 활용될 수 있음을 알 수 있다. 과학자 제임스 왓슨과 프랜시스 크릭은 DNA 구조를 밝히기 위해 아이가 가지고 노는 퍼즐처럼 분자 모델을 만들어 조합하면서 딱 맞는 조합을 찾으려고 했다. 라이벌이었던 로절린드 프랭클린은 그들의 연구 방법을 어린아이 같다며 경멸했지만, 결국 DNA의 구조를 먼저 발견한 쪽은 왓슨와 크릭이었다.

구글 창업자 래리 페이지는 레고를 매우 좋아해 회사 설립 초기 오래된 컴퓨터를 조립하여 서버를 만들 때 케이스를 레고로 짰다고 한다.

산업 디자이너 중에서는 디자인할 때 레고로 빠르게 형태를 만들어보는 사람도 있다. 레고는 아이들을 위한 장난감이 아니라 비즈니스에서 실제로 모형을 만드는 데도 사용된다.

이처럼 아이 같은 놀이나 습관도 일에 도움이 되는 경우가 종종 있다. 보통 어린아이 같다고 느껴지는 도구나 방법은 직감적이다. 직감적인 것은 창의력을 자극하기 때문에 어른이 됐다고 멀리하기에는 아깝다.

아이디어가 필요하면
산책을 하자

루트비히 판 베토벤

Ludwig Van Beethoven, 1770~1827

루트비히 판 베토벤은 말할 것도 없이 음악 역사상 가장 위대한 작곡가 중 한 명이다. 그는 클래식 고전파 음악을 완성했을 뿐만 아니라 차세대 낭만파 음악의 선조 역할도 했다.

베토벤의 작곡 스타일은 종종 모차르트와 비교된다. 모차르트는 곡을 처음부터 마지막까지 단숨에 만들어버리지만 베토벤은 간단한 악상에서 시작해 몇 번이고 수정하여 완성해나간다. 나아가 그에게는 작곡을 책상 앞에서가 아니라 산책하면서 하는 습관이 있었다. 베토벤은 매일 종이와 연필을 가지고 3~4시간이나 산책했다. 홀로 빈의 숲속을 걷는 것을 좋아했는데 그러다 악상이 머리에 떠오르면 즉시 가지고 있던 종이에 써두었다.

처음 메모한 악상은 상당히 유치하지만, 그는 이 아이디어를 발전시켜 장엄한 교향곡까지 만들어냈다. 오후 산책은 그에게 매우 중요한 시간이었다. 마찬가지로 빈에서 활약한 19세기의 대 작곡가, 구스타프 말러는 베토벤의 습관을 그대로 자기 것으로 만들어 점심식사 후에 3~4시간씩 산책했다고 한다.

베토벤뿐만 아니라 여러 분야의 많은 천재가 산책을 일과에 넣었다. 이것만으로도 산책이 인간의 창조성에 중요하다는 걸 알 수 있지만, 최근에는 과학자도 그 효과를 입증해냈다.

2014년에 스탠퍼드 대학교의 교육학부가 중심이 되어 진행한 연구에서 앉아 있는 것보다 걷고 있을 때 새로운 아이디어가 번뜩이며, 물건을 만들어낼 때와 관련된 '창조적인 능력'이 평균 60% 높아진다고 밝혔다.

회사원이 매일 3~4시간이나 산책하기는 어렵다. 하지만 한 정거장 전에 내려 회사까지 걷는다거나, 휴일에는 시간을 낼 수 있다. 꼭 혼자서 산책하면서 일과 삶의 방식을 사색해보기 바란다. 생각하면서 살아가는 인생과 아무것도 생각하지 않은 채 살아가는 인생에는 커다란 차이가 있다.

Idea

감동을 숨기지 않고
드러낼 때의 기술

스티브 잡스
Steve Jobs, 1955~2011

애플의 창업자 스티브 잡스는 이상한 습관을 여러 개 지닌 사람으로 유명하다. 회사 화장실 변기에 발을 담그고 물을 내려 기분전환을 하거나, 젊은 시절에는 사과를 먹으면 샤워를 할 필요가 없다는 묘한 신념을 가지고 있어 체향으로 동료를 괴롭히기도 했다.

가장 유명한 습관은 매일 아침 거울을 바라보면서 '만약 오늘이 인생의 마지막 날이라면 나는 지금부터 하려고 하는 일을 할까?'라고 자문자답하는 것이다.

확실히 이 습관은 생산적이기는 하지만 필자가 생각하기에 잡스의 본질을 드러내지는 않는다. 그가 고안해낸, 사람을 감동시키는 순수하고 미니멀한 디자인은 단순히 생산성 추구만으로는 만들어내지 못하기 때문이다.

내가 생각하는 잡스의 본질을 보여주는 기묘한 습관은 '잘 운다'로, 그는 감정적이 되면 바로 울었다고 한다.

젊은 시절 애플을 창업하려고 했을 때, 파트너인 스티브 워즈니악이 소극적으로 나오자 잡스는 격하게 울었다. 애플이 성장한 후에도 사원이 자신의 의도와 다른 제품을 제안하면 사원들 앞에서 울었다. 감정을 가장 격하게 드러내는 경우는 감동적인 상상을 했을 때다.

그는 이렇게 말했다.

"나는 때때로 완벽한 순수함(순수한 영혼과 사랑) 속에 있음을 느낀다. 그때 나는 항상 울게 된다."

잡스의 이런 측면은 그가 유별나게 풍부한 감수성을 가지고 있음을 보여준다. 이 감수성에 주목하면 잡스가 왜 처음 제품을 만졌을 때의 감촉이나 직감적인 조작을 중시했는지 이해된다.

우리는 사소한 것에 감동했던 어린 시절부터 어른이 사람들 앞에서 우는 것은 부끄러운 일이라고 '학습'해왔다. 하지만 직업에 따라 차이는 있겠지만 감동을 표출하는 것을 주저해서는 안 된다.

굉장한 것을 보고 감동할 줄 모르는 사람이 굉장한 일을 해낼 수 있을까?

꿈을 소리 내어
말했을 때의 기적

래리 엘리슨
Larry Ellison, 1944~

래리 엘리슨은 실리콘밸리의 기업가로 세계에서 다섯 손가락 안에 꼽히는 억만장자다. 그는 데이터베이스 사업의 태동기였던 1970년대 말 1,200달러를 투자하여 '소프트웨어 개발연구소'를 설립했다.

지인에게 받은 800달러까지 합쳐 초기 자본금은 2,000달러에 불과했다. 불면 날아갈 정도의 영세기업이었지만 이 회사는 나중에 '오라클'이라고 이름을 바꾸고 미국에서 두 번째로 높은 매출을 기록하는 거대 기업으로 성장했다.

그가 성공할 수 있었던 이유 중 하나는 젊은 시절부터 '어떻게 하면 돈을 많이 벌 수 있을까?'라고 계속 생각한 데 있다. 또한 엘리슨은 초기 컴퓨터 기술에 주목하고 그것을 이용하여 종이 매체에 했던 기록을 컴퓨터에 저장하는 시스템, 지금은 흔히 사용하는 데이터베이스를 상용화했다.

엘리슨은 작은 회사에서 근무했을 때부터 자신이 언젠가 회사를 설립하여 대부호가 될 것이라고 확신했다. 그래서 누구보다도 비싼 차를 사고 식사도 호화롭게 즐겼다.

엘리슨에게는 친구와 커피를 마시면서 '돈을 많이 벌게 되면 어떤 빌딩을 살까' 하고 꿈같은 이야기를 하는 습관이 있었다. 시간만 나면 회사 동료와 함께 무엇을 해서 돈을 벌지 의논했다. 당시 동료들은 나중에 엘리슨이 창업한 회사에 들어가게 된다.

사실 엘리슨의 사생활은 청렴결백과는 상당히 거리가 멀다.

사치스럽게 살고 여자관계도 복잡했다. 성격도 야무지지 못하고 여성을 꼬드기기 위해 정부 고위 간부와의 회의에 늦은 적도 있다. 하지만 자신의 꿈에 확신을 가지고 끈질기게 추구하는 자세는 배워야 할 부분이다. 부끄러워하지 않고 자신의 꿈을 솔직하게 말하는 것은 분명 좋은 습관이다.

'입으로 말하면 생각이 현실을 끌어당겨준다'라는 말을 믿지는 않는다. 하지만 여러 사람과 꿈이라는 문제를 이야기하면 실현시킬 방법을 찾을 수 있을지도 모른다.

지금까지 휴식 시간이나 식사 자리에서 회사에 대한 푸념과 사회에 대한 불만을 말하는 사람을 많이 봐왔는데, 그보다는 자신의 꿈을 이야기하는 편이 시간을 훨씬 의미 있게 사용하는 것이 아닐까.

Idea

생각이 벽에 부딪혔을 땐 '프레임워크'

댄 하몬
Dan Harmon, 1973~

에미상에 두 번이나 노미네이트된 댄 하몬은 미국 방송국 NBC의 작가다. 일반인들은 잘 모르지만 인기 시추에이션 코미디 〈커뮤니티〉와 SF 코미디 애니메이션 시리즈 〈릭 앤 모티〉로 인기를 얻었다.

그는 스토리를 생각할 때 좋은 아이디어가 떠오르지 않으면 자신만의 돌파구로 사고 방식을 유연하게 하는 그림을 그리는 습관이 있다. 이것은 그가 많은 영화를 보고 연구한 '좋은 이야기'의 기본 구조다. '이야기 사이클'이라고 불리며 작가들 사이에서도 큰 호평을 얻었다. 특히 그의 전문 분야인 코미디에 적합한 구조로 재미있다고 느끼는 이야기에는 공통의 구성이 있기 때문이다.

하몬의 습관에서 중요한 점은 그가 일하다 벽에 부딪혔을 때 무엇을 가장 우선해야 하는지 기억한다는 점이다. 예를 들어 팝 분야의 작곡가들은 역대 히트곡에 사용된 몇 가지 코드 진행을 기억하고 있고, 곡이 떠오르지 않으면 그것을 끌어내는 습관을 가진 사람이 많다.

이처럼 많은 크리에이터에게는 막다른 벽에 부딪혔을 때 시험해보는 프레임워크가 준비되어 있어 아이디어가 떠오르지 않을 때도 사고 정지에 빠지지 않고 넘어가게 된다.

우리의 일상, 예를 들어 커뮤니케이션에서도 이런 접근이 유용하다.

내 지인은 처음 만나는 여자와 무슨 이야기를 하면 좋을지 모를 때, 우선은 자신과 상대가 같이 있는 장소에 대해서 말한다고 한다. 카페라면 내부 장식이나 메뉴에 관해 이야기를 나누는 것이다. 대화에 조금 적응된 뒤부터는 자신이나 상대에 대한 화제로 돌린다. 조금 전 카페 메뉴 이야기를 했다면 자신이 가지고 있는 에스프레소 머신을 말하거나 상대가 좋아하는 커피가 무엇인지 물어보는 식이다.

이렇게 자신의 이야기를 조금 한 뒤에 상대에 대한 화제로 전환하는 것이 좋다. 자기 정보를 보여준 뒤에 오픈 퀘스천(양자택일이 아니라 넓은 선택지가 있는 질문)을 하면 상대가 마음 놓고 많은 이야기를 해주기 때문이다. 범용성 높은 커뮤니케이션 프레임워크이기에 인상 깊게 기억하고 있다.

우리도 일이나 일상에서 '벽에 부딪혔을 때 사용할 프레임워크'를 준비해두면 머리를 감싸야 하는 사태가 좀처럼 발생하지 않을 것이다.

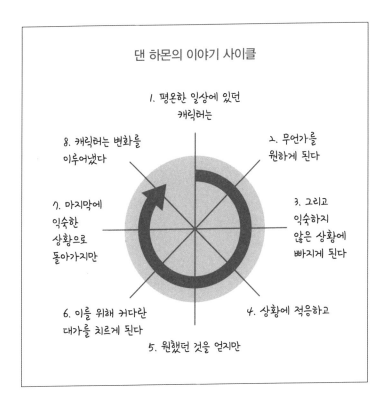

댄 하몬의 이야기 사이클

1. 평온한 일상에 있던 캐릭터는
2. 무언가를 원하게 된다
3. 그리고 익숙하지 않은 상황에 빠지게 된다
4. 상황에 적응하고
5. 원했던 것을 얻지만
6. 이를 위해 커다란 대가를 치르게 된다
7. 마지막에 익숙한 상황으로 돌아가지만
8. 캐릭터는 변화를 이루어냈다

인기 콘텐츠의
비밀을 찾는다

간노 요코
菅野よう子, 1964~

간노 요코는 일본이 자랑하는 애니메이션 음악의 거장이다. 〈마크로스 플러스〉와 〈카우보이 비밥〉이라는 해외에서 인기 높은 명작 애니메이션의 음악을 만들었기 때문에 지명도가 높은 작곡가다.

간노는 와세다 대학교 재학 시절에 밴드 활동을 해서 가끔 바에서 연주했다. 당시 마이클 잭슨이나 마돈나 등 유명 가수의 히트송을 연주해달라는 요청을 하룻밤에도 몇 번씩이나 받았다고 한다. 그녀는 유명한 곡을 연주하면서 그 곡의 어떤 부분이 사람을 기분 좋게 하는지 분석하는 것을 습관화했다.

이 습관으로 인해 지금도 '사람을 질리지 않게 하기 위한 연구를 곡에 담는다'를 의식하며 작곡을 한다.

〈카우보이 비밥〉의 감독 와타나베 신이치로는 처음 데모 테이프를 들었을 때 '정말 한 사람이 만들었나?' 하고 경악했고, 〈턴 에이 건담〉 감독인 도미노 요시유키도 '이것이 여성 혼자 한 일이야?'라고 말했다고 전해진다.

그도 그럴 것이 간노는 자신의 곡에 클래식에서 록, 테크노, 아이돌 음악까지 동서양을 불문하고 다양한 장르의 사람을 기분 좋게 하는 요소를 교묘하게 도입하기 때문이다.

'다른 작품을 베끼고 있는 것 아닌가'라고 보는 의견도 있을지 모르지만, 도용과 모방은 비슷하지만 다르다. 좋은 보기를 철저하게 분석하고 그것을 자신의 음악에 넣는 것은 전혀 부끄러운 일이 아니다.

주변에서 평판이 좋은 친구가 있다면 그의 어떤 면이 좋게 평가받는지 분석해보자. 분명 자신이 활용할 요소를 찾을 수 있을 것이다.

 **Idea**

극도로 단순해야
효과가 크다

제프 베조스
Jeffrey Bezos, 1964~

얼마 전까지는 아마존 하면 인터넷 서점의 대표격으로 생각했지만, 요즘은 서적뿐만 아니라 유통 가능한 모든 상품을 파는 기업이 됐다. 특히 국토가 넓은 미국에서는 일본과 비교할 수 없을 정도로 통신판매의 중요성이 높기 때문에 아마존은 최대 인터넷 판매 사이트로 엄청난 사업적 성과를 거두고 있다.

작은 인터넷 서점에서 시작한 아마존을 지금처럼 거대 기업으로 성장시킨 사람이 창업자 제프 베조스다. 베조스는 아마존 주식의 16%를 보유한 대주주로 2018년에는 아마존 주식 가격이 올라 결국 빌 게이츠를 뛰어넘는 세계 제일의 대부호가 됐다. 이것은

IT 비즈니스에서 세대 교체를 상징한 사건으로 보도됐다.

컴퓨터 태동기에는 운영체제의 표준규격을 만든 마이크로소프트의 빌 게이츠가 세계 제일의 대부호가 됐지만, 인터넷이 보급되고 생활과 밀접한 관계를 맺게 되자 인터넷 판매 사이트로 유통혁명을 일으킨 베조스가 세계 제일의 자리로 뛰어올랐다.

점포가 필요 없는 인터넷 판매는 가격 경쟁력 면에서 기존의 소매업보다 우위에 있지만 위험도 존재한다. 직원이 사용자와 직접 이야기할 수 없기에 사용자의 불만이나 요청에 민첩하게 적극 대처하기가 어렵다는 점이다.

가격이 조금 저렴해도 필요할 때 반품이나 교환이 척척 진행되지 않는다면 인터넷 판매점의 효용성은 낮아질 수밖에 없다. 일단 스트레스를 느낀 사용자는 다시 돌아오지 않는 경우가 많기 때문에 클레임이 발생하면 바로 대처하여 이미지 악화를 막아야만 한다.

아마존이 지금처럼 성장할 수 있었던 이유는 인터넷을 이용한 판매 사업을 일찍 시작한 이점도 있지만, 고객의 불만을 최소한으로 줄이려는 노력을 게을리하지 않았던 것이 크다.

제프 베조스는 현재도 자신의 이름을 사용한 메일 주소(jeff@amazon.com)를 일반인에게 공개하고 직접 고객에게 의견을 듣는 자세를 보여준다. 그에게는 사용자의 요청이나 제안, 항의를 눈여겨보고 중요하다고 판단한 메일에는 '?'만을 추가하여 담당자에게 전송하는 습관이 있다.

이 메일을 받은 사원은 한시라도 빨리 클레임의 원인을 조사하고 문제 해결 로드맵을 만들어 상사에게 확인받은 뒤 베조스에게 재전송해야만 한다. 몇 시간 이내에 재전송해야 하기 때문에 '?' 메일은 '시한폭탄'이라고도 불린다.

이 습관의 좋은 점은 고객의 클레임을 즉석에서 처리하는 구조를 극도로 단순하게 만들었다는 것이다. 습관과 관련된 구조는 복잡할 필요가 없다. 간단하면 간단할수록 습관을 정착시키기에 좋다.

베조스의 습관을 일상생활에 적용해본다면 최근에는 건강을 관리하기 위한 스마트폰용 애플리케이션이 많은데 건강 관리를 위해 이런 복잡한 방법을 취할 필요는 없다. 단순하면서도 좋은 방법이 있다.

달력에 운동한 날은 '○'를, 하지 않는 날은 '×'를 기입해 '이틀 연속으로 ×가 되지 않도록 한다'라는 원칙을 정하기만 해도 충분하다.

습관은 간단한 구조여야 몸에 익히기 쉽다.

Idea

최고 감독은
어떻게 정보를 얻는가

스티븐 스필버그
Steven Spielberg, 1946~

스티븐 스필버그는 현대를 대표하는 히트 영화감독이다. 〈라이언 일병 구하기〉 〈쉰들러 리스트〉로 아카데미 감독상을 2회 받았으며, 오락성이 풍부한 초대작도 다수 만들었다.

스필버그는 대학에서 영화와 관련 없는 영문학을 전공했다. 원래는 영화학과에 진학하려고 했지만 성적이 낮아 바꿔야만 했다. 그는 캘리포니아 주립대학교 영문학과에 입학했는데, 이곳을 선택한 이유는 주변에 유니버설 스튜디오가 있었기 때문이다.

학교에서는 영화를 공부할 수 없어서 무리해서라도 영화 제작 현장을 많이 봐두려고 한 스필버그는 입학 후 염원대로 유니버설 스튜디오를 견학할 기회를 얻었다.

유니버설 스튜디오는 촬영 현장을 관광객에게 공개하기 때문에 견학 자체는 그렇게 어렵지 않았다. 하지만 그는 관광객으로 방문하는 것만으로는 직성이 풀리지 않았다. 멋대로 회사 안에 들어가 더 많은 것을 보려고 했다. 스필버그는 엄중한 경비를 빠져나가 우왕좌왕하다가 편집국장인 척 실버와 딱 마주쳤다.

실버는 스필버그가 멋대로 들어왔다는 것을 알았지만 그의 정열과 직접 만든 네 편의 단편 영화 이야기를 하다 보니 마음에 들어 회사에 들어올 수 있게 3일 통행증을 발급해주었다.

스튜디오 탐방에 맛을 들인 스필버그는 다음 날부터 아버지 서류 가방을 가지고 마치 직원인 척하며 유니버설 스튜디오에 출입했다. 대학을 졸업하고 입사하는 방법도 있지만, 어쨌든 영화를 만들고 싶었던 그는 기다릴 수 없었다. 그래서 매일 유니버설 스튜디오에 '출근'하여 편집 스태프나 녹음 엔지니어가 일하는 것을 보고 영화 제작 과정을 흡수해갔다. 누구도 사용하지 않는 사무실을 찾아 책상 위에 자신의 명패를 올려두기도 했다.

3일간의 통행증 유효기간은 이미 끝났지만 누구도 스필버그를 침입자라고 생각하지 않았다.

이와 같은 하루가 2년이나 계속됐고 마침내 정체가 탄로 나 경비에게 쫓겨나게 됐다. 하지만 그는 스튜디오에 '근무'하면서 이미 여러 명의 이사와 관계를 구축해 나중에 영화를 만들며 유니버설 스튜디오와 협력할 수 있었다.

직원 흉내를 내며 매일 영화 회사에 잠입하여 영화 제작을 배운 그의 2년에 걸친 습관에서 배울 점은 '정보는 가능하면 직접 입수한다'이다.

물론 잘못하면 범죄 행위가 되기 때문에 그대로 따라 하지는 못하겠지만, 직접 손에 넣어야만 하는 중요한 정보가 있다면 방황하지 말고 행동력을 발휘할 필요가 있다.

만화를 좋아해 만화 편집자가 되고 싶은 사람이 있다고 하자. 만화 편집자가 되는 길은 편집자 양성 강좌나 전문학교도 생각해 볼 수 있다. 그러나 만화가와 편집자가 실제 어떤 회의를 하는지, 인쇄소에 넘기는 파일은 어떤 형식인지, 이런 실무에 관한 정보는 직접 경험하지 않으면 좀처럼 얻지 못한다.

간접적으로 정보를 얻는 것과 함께 출판사에서 인턴이나 아르바이트로 일하면 훨씬 빨리 현장의 지식을 익힐 수 있다. 모든 분야에서 이런 지혜를 활용해볼 수 있다. 이론만으로는 배울 수 없는 지식은 행동으로 입수해야만 한다.

세계 최고 부자도
가계부를 쓴다

존 록펠러
John Rockefeller, 1839~1937

'세계 제일의 부자'라고 하면 요즘은 대부분의 사람이 마이크로소프트의 창업자인 빌 게이츠나 아마존 대표 제프 베조스를 연상하지만, 인류 역사상 가장 큰 부자는 존 록펠러다. 그는 미국의 석유시장을 독점하여 막대한 재산을 쌓아 세계 최고 재벌의 기틀을 마련했다. 1937년 당시 재산이 지금의 가치로 따지면 빌 게이츠의 약 세 배에 달한다.

이런 록펠러가 평생 지킨 습관은 매일 자기 전에 자신이 쓴 돈을 모두 장부에 기록하는 것이다. 자산 총액이 미국 GDP의 1.5%에 달해도, 몇 센트 단위의 소비까지 자세하게 적었다고 한다. 기록 중에는 그가 결혼하기 전에 아내에게 사준 꽃의 금액도 있다.

이 습관은 모친에게 얼마 안 되는 용돈을 받았을 때부터 시작됐으며, 록펠러는 자신의 아이들에게도 같은 습관을 익히도록 했다. 그도 그럴 것이 이 습관이 성공에 도움이 됐기 때문이다.

석유왕으로 유명한 록펠러이지만 처음에는 제조 위탁 회사의 부기 조수로 일을 시작했고 열심히 공부해 회사 경영에까지 정통하게 됐다. 그는 집뿐만 아니라 본인 회사의 회계도 직접 관리했기 때문에 돈의 흐름을 누구보다도 잘 알았다. 이 경험은 석유산업을 시작했을 때 석유 수송 비용에 주목할 수 있게 해주는 등 크게 활약했다.

경제활동은 우리의 생활에 꼭 필요하다. 가계부를 정리하면 자신이 무엇에 돈을 쓰고 무엇에 쓰지 않는지, 나아가 어떤 인간인지 객관적으로 파악할 수 있다. 그리고 자연스럽게 절약으로 이어진다.

지인 중에 이와 같은 습관으로 지출의 30%를 줄인 사람까지 있다. 현대에서는 일일이 장부에 적지 않아도 스마트폰 가계부 애플리케이션도 있고, 인터넷에서 카드 명세서를 확인할 수도 있다.

시험 삼아 자신의 소비를 관찰해보면 어떨까?

3장

일 잘하는
사람의 습관은
뭐가 다를까?

탁월한 결과는 의외로
지인 찬스에서 나온다

엔니오 모리코네
Ennio Morricone, 1928~

영화 잡지에서 '역사상 가장 위대한 영화 음악 작곡가' 순위가 발표될 때마다 거의 투 톱을 차지하는 두 사람이 존 윌리엄스(〈스타 워즈〉 등)와 엔니오 모리코네다.

로마 출신의 모리코네는 〈원스 어폰 어 타임 인 아메리카〉 등 세르지오 레오네 감독과 콤비로 두각을 나타내 〈언터처블〉로 그래미상을 받았고, 아카데미상에도 6회나 노미네이트되었다. 현대를 대표하는 영화 음악의 거장이라고 해도 반론의 여지가 없다.

이런 그에게도 남다른 습관이 있다. 곡을 만들면 가장 먼저 아내에게 들려주는 것이다. 모리코네의 아내는 영화감독보다도 먼저 곡을 듣고 곡조가 좋은지 나쁜지부터 영화의 분위기와 맞는지 아닌지 등 다양한 조언을 해준다. 때로는 영화감독이 어떤 곡을 사용할지 망설일 때 그녀가 결정해주기도 한다.

모리코네는 왜 아내의 의견을 중시할까? 자신이 누구보다도 영화 음악을 잘 아는 거장인데 말이다.

그 이유는 자신의 성과물을 객관적으로 평가하기가 불가능하기 때문이다. 요리를 한 사람은 여러 시간 냄새를 맡으면서 만든 요리의 맛을 정확하게 평가할 수 없다. 그렇기 때문에 제3자의 냉정한 의견이 필요하다.

하지만 업무상 관계자나 상하 관계에 있는 사람에게 의견을 물으면 '아…, 괜찮은 것 같습니다'라고 의미 없는 대답을 하는 경우가 많다. 그래서 가족 등 내 마음을 고려하지 않고 '솔직한 의견'을 들려주는 사람이 필요하다.

모리코네는 오랜 시간 영화계에서의 공헌이 인정되어 2007년 아카데미상 특별공로상을 받았다. 단상에 오른 그는 사랑하는 아내에게 감사를 표했다.

"이 오스카상을 엄청난 헌신과 애정을 가지고 오랜 시간 항상 내 편으로 있어준 아내 마리아에게 바치고 싶습니다. 마리아, 당신을 향한 마음은 늘 변함없습니다."

고생하지 않고도
성과를 내는 방법

토리야마 아키라
鳥山明, 1955~

한국에 이종룡이라는 인물이 있다. 1960년에 태어난 그는 사업에 실패하여 2000년에 도산해 3억 5,000만 원의 빚만 남게 됐다. 나이도 40세가 되었고 할 일도 없는 그에게는 변제가 불가능한 금액이었다.

이종룡은 1년간 술을 마시고 돌아다니며 폐인과 같은 나날을 보냈지만, 2001년에 마음을 고쳐먹고 빚을 갚기 위해 아르바이트를 시작했다. 좋은 곳에 취업하기는 불가능했기 때문에 7개의 아르바이트를 동시에 뛰며 열심히 돈을 벌었다. 하루에 2시간만 자고 일하니 1년에 5,000만 원을 벌 수 있었다.

이런 생활 끝에 2008년 10월, 그는 드디어 아르바이트만으로 빚을 전액 변제했다.

근면한 그의 생활은 화제가 되어 TV 방송에도 출연해 '아르바이트 왕'이라는 별명이 생겼다. 출판사의 제안으로《3억 5천만 원의 전쟁》이라는 책까지 집필했다.

하지만 과로의 영향인지 2012년 대장암에 걸려 2년 후인 54세에 고인이 되었다.

그의 삶을 통해 배울 수 있는 교훈은 노력과 근면함이 전부는 아니라는 것이다. 열심히 일하는 것도 좋지만, 인간의 몸에는 한계가 있다. 일을 완벽하게 처리하고 싶다는 마음은 누구에게나 있지만, 예산과 마감에도 한계가 있다.

그렇기 때문에 일할 때는 요령도 필요하다.

'최소의 노력으로 최대의 결과를 내는 방법은 없을까?' 하고 자신에게 질문해봐야만 한다.

〈드래곤볼〉 시리즈로 유명한 만화가 토리야마 아키라는 누구나가 인정하는 '만화의 신'이지만, 항상 일을 간단히 끝내는 방법을 고민했다고 한다.

〈드래곤볼〉은 대략 지구를 침략하러 온 우주인들이 핵무기보다 강력한 에너지로 도시를 모두 파괴한 뒤 주인공들과 전투를 시작하는 스토리인데, 이것은 토리야마가 건물을 그리기 귀찮았기 때문이었다. 미래 두시의 세세한 부분에 집칙해 묘사하기 시작하면 힘이 들기 때문에 도시가 파괴된 폐허를 등장시켰고, 이를 통해 우주인들의 잔인함과 파워를 독자에게 인상적으로 각인시켜 일석 이조의 효과를 올렸다.

그리고 주인공인 손오공은 '초사이언'이 되면 머리카락이 순식간에 하얗게 변하는데(애니메이션에서는 노란색이지만 만화에서는 흰색이다), 이것도 머리카락 색을 칠하기 귀찮았기 때문이다. 만화가의 노동량을 줄이고 나아가 주인공의 변신과 파워 업을 효과적으로 그리기 위한 착상이다.

손오공은 우주인에게 당해낼 수 없으면 '정신과 시간의 방'이라는 다른 공간에 들어가 수행한다. 설정에 따르면 여기는 아무런 물체도 없는 다른 차원의 공간이다. 즉 (이미 눈치챘을 것이다) 배경을 그릴 필요가 없다는 말이다.

그렇다고 토리야마가 게으르다고는 할 수 없다.

그는 어떤 의미에서 누구보다도 노력해온 만화가다. '주간지 연재'라는 살인적인 스케줄에 대응하기 위해서 생산성을 높이기 위한 노력을 해온 것이다.

노력과 성실함이 전부는 아니다. 무엇을 하든지 '조금 더 간단하게 해결할 현명한 방법은 없을까?'라고 생각하는 습관을 지닌다면 최소의 노력으로 최대의 결과를 낼 수 있다.

자기 전에 시작해야 할
내일 할 일

데미스 허사비스
Demis Hassabis, 1976~

데미스 허사비스는 바둑 대결에서 인간을 이긴 인공지능(AI) '알파고(AlphaGo)'를 개발한 딥마인드의 창업자다. 알파고는 단순히 바둑을 두는 것뿐만 아니라 '딥러닝'이라는 알고리즘을 이용하여 스스로 학습해 여러 분야에서 활약할 수 있다는 점에서 대단하다.

지금까지의 인공지능은 인간과는 달리 상당히 원시적인 사고방법을 갖고 있었다. 예를 들어 체스 대결이 가능한 인공지능은 체스판 위에서 전개된 모든 수를 컴퓨터가 고속으로 계산하는 방식을 사용한다. 체스는 생각보다 수가 많지 않기 때문에 이와 같은 방법으로도 이길 수 있었지만, 바둑 같은 엄청나게 다양한 수가 존재하는 게임에서는 이걸로는 부족하다.

무엇보다도 문제는 이 인공지능에는 체스 플레이 이외의 기능은 없다는 점이다. 즉 진정한 인공지능은 허사비스와 그의 회사 딥마인드에 의해 탄생했다고 할 수 있다(2010년에 연구소로 설립된 딥마인드를 구글이 2014년에 5억 달러에 인수했다).

인공지능 혁명의 시작을 연 그는 21세기에 등장한 최고의 천재 중 한 사람이다. 이 허사비스의 생활습관에 재미있는 점이 있다. 그는 밤에 잠들기 전, 다음 날 할 일을 조금 해둔다.

야행성 인간인 그는 오전 4시에 잠들어 오전 10시에 일어난다. 그리고 회사에 출근하여 저녁까지 일한다. 집에 돌아와서 저녁을 먹고 가족과 시간을 보내면 밤 10~11시가 된다.

그는 그때부터 자신의 방에서 다음 날 일을 준비한다.

인공지능 분야의 최신 논문을 읽는 등 가장 머리를 써야 하는 일을 이 시간에 한다. 창조성이 필요한 일을 깊은 밤 조용한 시간에 하는 것을 좋아하기 때문이다. 깊은 밤이 머리를 움직이기에 최적의 시간이라고 한다.

추측하기로는 '잠들기 전에 내일 할 일을 조금 해볼까?' 하는 가벼운 마음으로 시작했다가 습관이 되어 본격적으로 하게 된 것이 아닐까 싶다.

어떤 연구에 의하면 고민하는 문제를 생각하다가 잠들면 일어난 뒤 해결하기가 쉬워진다고 한다. 굳이 이 연구 결과를 언급하지 않아도 아침에 출근하여 책상 앞에 앉아 '무엇부터 시작해야 할까…'라며 멍했던 경험이 누구에게나 있을 것이다.

이와 같은 상황이 되지 않기 위한 좋은 방법이 밤에 잠들기 전에 다음 날 할 일을 생각하는 것이다. 허사비스처럼 본격적으로 하지 않아도 된다. 단순히 다음 날 할 일의 순서를 메모만 해둬도 좋다.

이렇게 하면 일을 아침이 아니라 잠들기 전에 시작했다는 의식이 생긴다. 다음 날 아침에 '일의 연속성'이 높아지고 의욕도 커지는 효과를 기대할 수 있다.

때론 기분 나쁘게
말해야 한다

리누스 토발즈
Linus Torvalds, 1969~

리누스 토발즈는 빌 게이츠의 라이벌로 알려진 인물이다. 컴퓨터 운영체제 시장을 양분한 윈도즈(Windows)와 무료 운영체제 리눅스(Linux) 중 리눅스를 만들었다.

현재는 리눅스의 점유율이 윈도즈를 넘어서고 있다. 스마트폰 등 대부분의 모바일 디바이스에서 리눅스를 사용하기 때문이다. 게이츠가 '유료 소프트웨어의 왕자'라고 하면, 토발즈는 '무료 소프트웨어의 황제'라고 할 수 있다.

리눅스는 토발즈가 혼자 만든 것이 아니라 많은 프로그래머가 참가한 오픈 소스 프로젝트로 계발되었다. 토발즈는 이 프로젝트의 최고 책임자다.

소스가 공개되어 있어서 이론상은 누구나 리눅스 코드에 힘을 보탤 수 있지만 평범한 프로그래머가 참가하기는 어렵다. 토발즈가 일을 못하는 사람에게 가차 없이 욕설하는 습관을 가졌기 때문이다. 코드에 결함이 있거나 마음에 들지 않는 부분이 있으면, 그것을 만든 사람의 기분은 생각하지 않고 맹비난을 해버렸다.

상대는 기분이 상하지만 리눅스의 기능을 희생시키는 것보다는 한 사람의 기분을 나쁘게 하는 쪽이 낫다는 자세다. 토발즈의 독설은 문제가 크면 클수록 표현도 과격해지는 경향이 있었다. '너 바보야?', '젠장, 난 네가 만든 바보 같은 코드에 기가 막혀' 정도는 어른스러운 수준이다. 불편한 유저 인터페이스를 만든 개발자들에게는 '이따위를 만든 개발자는 자살이라도 하는 게 어때? 세상을 위해서는 그게 좋겠다'라고까지 말했다.

유감스럽게도 이와 같은 습관은 크게 성공한 경영자에게서 종종 나타난다. 빌 게이츠는 잠시 쉬고 있는 부하에게 '빨리 끝내!'라고 크게 소리치거나 마음에 들지 않는 성과를 내면 '내가 직접 하는 게 낫겠다' 등으로 빈정거렸다.

2018년에 빌 게이츠를 뛰어넘어 세계 제일의 부자가 된 아마존의 회장 제프 베조스도 독설로 악명 높다. 회의에서 별거 없는 말을 한 사람에게 '너는 왜 내 시간을 낭비하는 거야?', 회의 프레젠테이션이 지루하다고 '네 프레젠테이션을 보고 있으면 자살하고 싶어져'라고 아무렇지 않게 말한다.

이와 같은 발언 자체에 대한 평가는 논외지만, 교세라 창업자인 이나모리 가즈오는 '소선은 대악과 닮았고, 대선은 비정과 닮았다'라고 한 적이 있다. 결과에 불만을 느끼면서도 '수고하셨습니다' '좋네요!' 하고 반복하기만 하면 인간관계는 원활해질지 모르지만 일의 결과는 엉망이 된다. 이것이야말로 '소선은 대악과 닮았다'가 되는 것이다. 무언가가 잘못되면 비록 상대가 기분 상해할지라도 똑바로 지적해야 한다. 그렇기 때문에 '대선은 비정과 닮았다'라고 할 수 있다.

물론 토발즈가 한 독설은 인권 침해의 범주에 속하기 때문에 배울 필요는 없다. 하지만 부하직원을 둔 사람이라면 일의 결과를 솔직하게 평가하는 습관을 기르라고 추천하고 싶다. 이것만 철저하게 해도 성과가 크게 바뀔 것이다.

흥행한 영화에는
왜 감독판이 따로 있을까?

샘 레이미
— *Sam Raimi, 1959~*

샘 레이미는 〈스파이더맨〉 시리즈와 〈이블 데드〉 등으로 유명한 할리우드 영화감독이다. 그는 젊은 시절에 저예산 호러 영화를 만들어 주목받았다. 돈이 없다는 예산의 한계를 창조적인 발상으로 극복했다.

예를 들어 〈이블 데드〉에서는 악마가 주인공들에게 돌진해오는 장면이 있는데, 여기서 레이미는 악마의 시점에서 주인공들을 쫓는 카메라 워크를 사용했다. 당시 이런 시점 변화는 매우 신선한 아이디어였는데, 이 역시 단순히 연출 예산이 부족했기 때문에 생각해낸 고육지책이었다. 악마의 시선이라면 특수 분장을 한 악마를 등장시키지 않아도 넘어갈 수 있기 때문이다. B급 영화에서 실력을 인정받은 그는 결국에는 할리우드의 블록버스터 영화를 감독할 정도로 성장했다.

레이미에게는 영화 제작할 때 독특한 습관이 있다. 두 명의 에디터를 활용해 이들이 각각 편집한 버전을 비교하면서 영화를 완성하는 것이다. 영화 편집이라고 하면 촬영한 필름을 살라 실제로 영화를 완성시키는 가장 중요한 프로세스 중 하나다.

두 명의 에디터는 전혀 협력하지 않고 자신의 기준에 따라 영상을 이어가기 때문에 편집이 끝나면 작풍이 완전히 다른 두 가지 버전의 영화가 완성된다. 둘을 비교해보면 어떤 장면은 이쪽이, 어떤 장면은 저쪽이 좋기도 하다.

레이미는 이 중 좋은 장면을 선택해 최종 버전을 완성한다. 장면마다에 대안이 있기 때문에 타협하지 않고 좋은 영화를 추구할 수 있는 것이다.

영화 제작이라는 특수한 분야를 사례로 들었지만, 항상 대안을 준비해두는 습관은 일반인에게도 도움이 된다. 자신이 믿는 아무리 좋은 계획이라도 일단 대안을 준비하여 비교하고 검토해보는 프로세스를 만들어두면 타협하지 않아도 된다.

왜 대가의 책꽂이엔
낡은 책만 있을까?

아이작 뉴턴
Isaac Newton, 1642~1727

과학 잡지에서는 종종 과학자를 대상으로 '역사상 가장 위대한 물리학자는?'이라는 기획 설문조사를 해 결과를 지면에 발표한다. 이런 순위가 얼마나 의미가 있는지는 별개로 하고 항상 1위를 차지하는 인물은 아이작 뉴턴 혹은 알베르트 아인슈타인이다. 이것만은 부동이다.

그런데 전문가일수록 뉴턴이 더 중요하다고 말한다. 뉴턴이 무슨 일을 했기에 이럴까? 한마디로 말하자면 그는 '고전 역학을 완성한 인물'이다. 그래서 뉴턴이《프린키피아》라는 저서를 쓴 뒤 과학자들 사이에서는 '물리학은 더 이상 연구할 분야가 남아 있지 않다'라는 견해가 지배적이었다. 아인슈타인이나 닐스 보어 등 후세의 과학자들이 연구한 것은 광속의 세계 혹은 미시 세계, 블랙홀 등 우리가 느끼지 못하는 분야다.

뉴턴은 역학뿐만 아니라 광학 분야에서도 업적을 남겼다. 현대의 우리는 빛이 R(빨강, Red), G(녹색, Green), B(파랑, Blue) 세 가지 색의 합성으로 이루어져 있다는 것을 컴퓨터 화면 설정을 통해 잘 알지만, 이것도 뉴턴 덕분에 밝혀졌다. 당시는 색과 빛이 같은지에 대한 논쟁이 있었는데, 뉴턴이 그것에 종지부를 찍었다.

또한 수학 분야에서는 미분, 적분을 발견했다. 미적분에서는 '극한' 등의 개념을 수학적으로 증명해야만 하는데 뉴턴은 놀랍게도 그것을 직감만으로 풀어내 발표도 하지 않고 은밀히 혼자 계산에 활용했다고 한다. 그는 《프린키피아》를 쓸 때도 미적분으로 계산했는데 발표할 때는 기하학적인 방법으로 계산을 다시 하기도 했다.

영국의 왕립협회 도서관에는 뉴턴이 읽은 책이 보존되어 있다. 그 책을 보면 뉴턴의 독서 습관을 알 수 있다. 책을 읽다가 중요하다고 생각하는 부분에 표시를 하기 위해서 페이지 모서리를 접는 것을 일반적으로 도그이어(개의 귀)라고 하는데 이를 가끔씩 활용하는 독자도 있을 것이다.

뉴턴은 단순한 도그이어가 아니라, 접은 끝이 중요한 문장이나 단어를 가리키도록 활용해 틀을 깼다. 당연히 귀의 크기는 제각각이어서 페이지의 절반 이상을 덮은 커다란 것도 있었다. 또 책 여백에 나름의 색인을 만들기도 했다. 색인은 주제별, 알파벳순이었기 때문에 자신에게 중요한 부분을 바로 찾아낼 수 있는 구조다. 이 습관에서 뉴턴이 책을 '언제까지나 보존하고 싶은 소중한 물건'이 아니라 '일을 위한 도구'로 생각했음을 알 수 있다.

책을 꼭 깨끗하게 볼 필요는 없다. 다양한 색의 펜으로 필기하거나 메모를 잔뜩 붙이거나 해서 자신이 가장 정보를 찾기 쉬운 형태로 사용해도 좋다.

책을 쓴 저자 입장에서도 깨끗하게 읽고 그대로 책장에 잠들어 있게 하는 것보다 뉴턴처럼 해주는 쪽이 기쁠 것이다.

정말 중요한 가치를
잊지 않는 법

잉바르 캄프라드
Ingvar Kamprad, 1926~2018

'세계에서 생산되는 목재의 1%는 이케아 가구를 만드는 데 사용된다.'

이런 기사를 본 적이 있다. 이케아가 얼마나 많은 가구를 판매하고 있는지를 나타내는 알기 쉬운 통계로 한 회사의 목재 소비량이라고 생각하면 경이적인 숫자다.

이케아 가구의 특징은 한마디로 가격은 비교적 합리적이면서 디자인성과 실용성이 우수하다는 점이다. 가격이 낮은 비결은 제조비용을 낮추기 위해 모든 가구를 조립식으로 제조해 소비자가 직접 만드는 시스템을 구축했기 때문이다. 또 부품은 창고에서 보관·운반이 쉽도록 모듈화된 상태로 포장되어 있어 매우 효율적이다. 모든 라인에서 이와 같은 비용 관리를 했기에 저렴한 가격을 유지할 수 있었다.

이케아의 창업자인 잉바르 캄프라드는 이런 말을 남겼다.

"1,000달러의 고급 책상을 만드는 것은 어렵지 않지만 품질과 디자인이 우수한 50달러의 책상은 최고의 기업만이 제조해낼 수 있다."

이케아 가구를 '품질이 낮다' '쓰고 버리는 가구다'라고 비난하는 사람도 있지만 이케아 이외에 이 정도의 품질과 가격으로 가구를 판매할 기업이 존재하지 않는 것도 사실이다. 고급 제품을 원하는 소비자를 만족시킬 수는 없을지 모르지만 '예산은 적지만 디자인이 뛰어난 가구를 원한다'라고 생각하는 젊은 남녀 등은 이케아 가구에 만족해한다.

캄프라드는 이것을 '민주적 디자인'이라고 불렀다.

이케아는 앞서 말한 대로 제조, 운반, 관리의 모든 과정에서 비용을 절약하여 저렴한 가격을 실현시켰는데, 절약은 캄프라드 자신의 습관이기도 했다. 그는 세계 7위의 억만장자였지만 믿기 어려울 정도로 검소하게 살았다.

우선 출퇴근할 때 전철을 이용했다. 차도 있지만 1993년에 산 1,500달러 정도의 '볼보 240'뿐이었다. 사무실 의자도 30년 이상 사용했다. 차를 마실 때 티백은 반드시 두 번 이상 우려냈다. 당연할지도 모르지만 가구는 모두 이케아 제품을 사용했다. 그리고 레스토랑에 가면 소금과 후추 등이 든 작은 포장을 가지고 왔다.

극단까지 근검절약을 의식하면서 생활했음을 알 수 있다.

흥미로운 점은 지금은 사망한 캄프라드의 이념이 회사 구석구석에 널리 퍼져 있다는 것이다. 이케아 가구의 생산에서 판매까지 모든 업무에 통용된 원칙도 '절약'이다.

창업자가 사망할 때까지 이런 생활을 했기 때문에 사원들도 사치스럽게 경비를 사용하지 않았다. 출장 갈 때는 이코노미석을 이용하고 싼 호텔에 머문다. 그래도 직원들이 불평하지 않았던 이유는 회사의 회장이 스스로 이와 같은 생활을 했기 때문이다.

캄프라드가 세계 7위의 부자에 걸맞게 매일 미슐랭 별을 받은 고급 레스토랑에서 식사하고 전용기로 이곳저곳의 리조트를 여행하고 집에는 이케아 가구가 하나도 없었다면 이케아는 지금과 같은 경영 실적을 유지하기가 어려웠을 것이다.

조직이나 부하, 가정에 무언가 한 가지 이념을 침투시키고 싶다면 우선은 자신이 한계치까지 그 이념을 실천하여 습관화해야만 한다.

Productivity

뇌는 의외로
멀티태스킹을 좋아한다

카를 마르크스
Karl Marx, 1818~1883

카를 마르크스는 20세기에 전 세계적으로 가장 영향을 많이 미친 인물이다. 그가 경제학을 자본가가 아닌 노동자의 입장에서 고찰하여 자본주의가 가진 근본적인 문제점을 파헤쳤기 때문이다.

공산주의가 사회 실험으로 실패한 뒤 유물 취급을 받기도 하지만 실은 현대의 각국에서 도입한 사회복지제도는 마르크스 사상의 산물이다. 그가 살았던 시대에는 노동자의 권익이라는 개념조차 존재하지 않는 극단의 자본주의가 많은 노동자 계층을 고통스럽게 했다.

마르크스의 일할 때 습관은 상당히 이상했다. 그는 하나의 일을 끝내면 다른 일을 착수하는 식으로 하지 않고 어떤 일을 절반 정도 끝내면 다른 일을 시작했다. 혼란스러울 것 같지만 마르크스는 이런 방식을 즐겼다고 한다. 두 가지 일을 동시에 생각하면 뇌가 쉬지 않고 바쁘게 일해야만 하기 때문이다.

이런 혼돈의 방식을 좋아한 그는 무언가를 생각할 때는 책상 주변을 격하게 돌아다녔다. 그러다 아이디어가 떠오르면 황급히 책상으로 돌아와 메모했다. 이런 모습 때문에 한차례 일이 끝나면 녹초가 되기 부지기수였다고 한다.

'한 번에 하나의 일에 집중하는 게 좋지 않을까' 하고 의문을 가지는 독자도 있을지 모르지만, 모든 일에는 수학처럼 하나의 정답만 존재하는 것은 아니다. 마르크스의 습관에서도 알 수 있듯이 여러 가지 일을 동시에 진행하는 쪽이 효율적인 경우도 있다.

누구나 한 가지 프로젝트가 막바지에 다다를 때면 능률이 떨어지고 사고력이 둔해지는 경험을 해본 적이 있을 것이다. 여러 일을 동시에 해 뇌를 멀티태스킹하여 집중력을 높이는 것도 한 가지 방법이다.

상황에 따라
콘텐츠를 변화시킨다

제임스 헷필드
James Hetfield, 1963~

세계적인 록밴드 '메탈리카'의 기타리스트 제임스 헷필드는 밴드 작곡에 공헌도가 가장 높은 멤버이기도 하다. 메탈리카는 복잡한 곡 구성으로 록 장르를 진화시킨 밴드로 이름을 새겼다.

재미있는 점은 헷필드는 콘서트에서는 곡을 앨범에 실린 그대로 연주하지 않는 습관을 지녔다는 것이다. 복잡한 멜로디 진행은 연주가 쉬운 아르페지오(화음을 구성하는 음을 연속적으로 차례로 연주하는 주법)로 변경하는 등 간단하게 한 버전을 사용했다. 코드가 같으면 관객의 귀에는 동일한 곡으로 들리기 때문에 문제될 것이 없다.

메탈리카의 곡은 록 중에서도 상당히 복잡한데 헷필드는 보컬도 동시에 해야 하므로 원곡을 그대로 연주하지 않고 안전책을 취한 것이다.

그의 습관에서 배워야 할 부분은 같은 내용도 형식에 따라 최적의 형태로 바꿀 필요가 있다는 것이다. 앨범은 스튜디오에서 녹음하는 콘텐츠며, 콘서트는 많은 사람 앞에서 연주하는 콘텐츠다. 스튜디오에서는 가능한 연주여도 콘서트에서는 하기 어려운 경우가 있다. 콘서트의 곡과 앨범 곡이 조금 다른 것은 이와 같은 이유에서다.

비즈니스에서 기획 제안서를 작성하고 이를 나중에 프리젠테이션할 때도 내용을 똑같이 읽을 필요는 없다.

제안서에서는 데이터 근거를 많이 제시하는 편이 설득력이 높지만, 프레젠테이션에서는 데이터를 나열하면 지루하게 느끼기 때문에 간략하게 제안 내용을 나타내는 쪽이 좋다.

같은 내용이라도 때에 따라 다른 형태로 변화시킬 필요가 있다.

논리적이지 않아도
논쟁에서 이기는 법

아루투어 쇼펜하우어
— *Arthur Schopenhauer, 1788~1860*

'학문의 세계' 하면 성숙한 인성을 지닌 학자들이 좋아하는 분야를 파고들어 공부하는 모습이 연상되지만, 실제로는 그렇지도 않다. 대부분의 학계에서는 자신이 옳고 상대가 틀렸다는 것을 증명하기 위해 항상 전투가 일어난다.

때로는 옳은 주장을 해도 논쟁 기술이 부족하여 상대에게 져 창피를 당할 수도 있는데, 그러면 정말 분할 것이다.

학자의 세계가 아니라도 논쟁은 사회생활을 하면 누구나 피할 수 없다. 논쟁에 져 스트레스를 받기도 하고, 실제로 손해를 입기도 한다. 어쨌든 논쟁에서 이기지 못한다면 좋은 점이 없다.

독일의 아루투어 쇼펜하우어는 실존주의의 선구자이며, 그 유명한 니체에게 영향을 준 철학자로 상대와의 논쟁에서 이기기 위한 기술을 수집했던 습관이 있었다.

그의 메모가 현재까지 전해지는데, 논리적으로 맞는 것뿐만 아니라 자신이 궁지에 몰렸을 때 궤변으로 발뺌하는 방법과 상대를 곤란하게 만드는 기법 등도 쓰여 있다.

내용을 조금 살펴보자. 그의 메모에는 구체적인 사례가 적혀 있지 않은 경우, 적혀 있어도 동시대 사람만 이해할 수 있는 경우도 있기 때문에 설명과 사례는 따로 추가했다.

- **상대의 의견을 이용한다**

상대가 일본 사회를 호되게 비판한다고 하면 '그렇다면 당신은 왜 일본을 떠나지 않습니까?'라고 한다. 잘 생각해보면 논리적이지는 않지만 겉보기에는 상대를 꼼짝 못하게 만드는 것처럼 비친다.

- **상대의 주장을 확대해석한다**

'가상화폐는 문제가 많으니 규제할 필요가 있다'라고 상대가 주장하면 '신기술을 전부 부정하면 사회는 어떻게 발전할 수 있겠습니까?'라고 반론한다. 상대는 가상화폐 문제만 말했지만, 여기서는 '신기술'까지 확대하여 화제를 돌리는 데 성공했다.

- **상대의 주장을 분류한다**

'그것은 관념론이군요' '그것은 유사과학이군요' 등 주장을 분류해 상대의 주장이 편견에 사로잡힌 것처럼 보이게 만든다.

- **논쟁의 진행을 방해하여 화제를 돌린다**

예를 들어 '그것은 작은 문제이니 더 핵심 부분에 관해 이야기합시다'라고 제안하여, 졌다는 것을 인정하지 않고 부드럽게 논의의 판을 바꿀 수 있다.

- **상대의 주장이 아닌 인격을 공격한다**

이것은 성범죄 가해자를 담당하는 변호사가 자주 사용하는 기법으로, 재판을 소재로 한 드라마에도 종종 등장한다. 피해자를 향해 '당신은 과거 술집에서 일한 적이 있죠?' '예전부터 피고와 친밀한 관계였죠?' 등 잘 생각해보면 사안과 관계없는 개인적인 정보를 사용해 상대의 신뢰성을 낮춘다.

- **이성이 아니라 권위에 어필한다**

'아인슈타인이 말하길…' '소크라테스는 이렇게 말했다' 등 과거 위인을 끌어내 자신의 주장을 더욱 그럴듯하게 보이게 만든다. 아인슈타인이 자신과 같은 문맥으로 발언했는지 아닌지는 상관없다. 이기기 위해 그들의 힘을 빌리는 것이기 때문이다.

이 기법은 대부분 논리적이 아니라 궤변이지만 쇼펜하우어 자신도 '논쟁의 기술은 논리학과는 다른 분야다'라고 했다. 솔직하게 말하면 '교활하지만' 자신의 이익을 위해 악용하는 것이 아니라 자신의 옳은 주장이 헛되지 않게 하기 위해 알아두면 손해는 아니다.

무엇보다 이 기술을 익히면 이를 사용하는 상대의 공격에 그대로 무너지지 않는다는 이점이 있다.

작은 힌트로
전체 흐름을 파악하려면?

조지프 벨
Joseph Bell, 1837~1911

조지프 벨은 에든버러 대학교 의학과 교수를 지낸 19세기 의사다. 이름만으로는 누군지 잘 모르는 독자도 있겠지만 잠시 참고 읽어 주길 바란다. 그는 진단이 매우 어려운 병도 정확하게 파악해내는 천재적인 능력을 갖추고 있어 의학계에서는 상당히 유명한 인물이었다.

벨의 진료실에서는 매일 이런 광경이 펼쳐졌다고 한다. 방에 남성 환자가 들어오자 갑자기 벨이 묻는다.

"육군에서 근무했군요?"

"네, 그렇습니다."

"최근 제대했습니까?"

"그렇습니다."

"스코틀랜드군에 있었군요."

"맞습니다."

"주둔지는 서인도제도의 바베이도스겠군요."

환자는 벌어진 입을 다물지 못한다. 생전 처음 본 의사가 말하지도 않은 자신의 정보를 전부 알아맞힌 것이다. 게다가 군복도 안 입은 평범한 차림으로 갔는데 어떻게 군인이었다는 것과 주둔지까지 알아낼 수 있었을까?

벨이 이 모두를 맞힐 수 있었던 이유는 작은 실마리를 놓치지 않은 덕분이다. 환자는 진료실에 들어올 때 예의 바르게 인사했지만 모자는 쓴 채였다. 이것은 군대식 예의다. 최근 전역했기 때문에 군대 습관이 남아 있었다. 또한 환자의 몸에 있는 문신의 흔적, 특이한 걸음걸이 등도 그가 군인이었음을 나타냈다. 주둔지를 맞힌 건 그가 상피병 때문에 병원에 왔기 때문이다. 상피병은 서인도제도의 풍토병이고 스코틀랜드군이 그곳에 주둔했기에 환자가 스코틀랜드군에 있었다고 자동으로 알게 됐다.

벨에게는 이처럼 작은 단서로 상대에 대해 추리해내는 습관이 있었다.

놀랄 정도로 정확한 진단이 가능했던 이유는 이와 같은 작은 힌트를 놓치지 않는 습관 덕분이었다. 그런데 벨의 제자 중 아서 코난 도일이라는 청년이 있었다. 이 정도면 눈치챘을 것이다. 나중에 추리소설가로 크게 성공한 제자는 존경하던 스승을 모델로 셜록 홈스라는 캐릭터를 창작했다.

벨의 습관은 우리가 살아가는 데 매우 유용하다.

잘 모르는 것은 처음부터 전체상을 파악하기 어렵지만 작은 힌트는 여기저기에 굴러다니기에 추리를 할 수 있다.

좋은 사례가 있다.

프로그래머였던 지인이 대학을 졸업한 뒤 지망 회사에 채용 면접을 보러 갔다. 그때 사무실 안에서 여러 개의 침대가 있는 '수면실'을 발견했다. 지인은 고심 끝에 입사를 포기했다. 회사는 수면실이 복지의 일환이라고 자랑했지만, 잘 생각해보면 사원들이 수면실을 이용해야만 할 정도로 혹사당한다는 증거였기 때문이다. 작은 힌트로 전체상을 추리하여 피해를 미연에 방지한 사례다.

Productivity

중요한 정보는
통째로 암기한다

워런 버핏
Warren Buffett, 1930~

투자가 워런 버핏은 빌 게이츠 다음가는 부자로 잘 알려졌다. 게이츠와 그의 아내인 멜린다에 의하면 버핏은 그들이 아는 사람 중에서 가장 현명한 인물이라고 한다.

버핏은 미국 네브래스카주 오마하에서 태어났다. 유년기부터 돈에 관심이 많았기에 여섯 살 때는 콜라 배달 서비스로 용돈을 벌었다. 열한 살에는 주식 투자를 시작했다. 이른 나이에도 탁월한 투자 센스를 보여줘 학교 선생님들도 그가 매매한 종목에 관심을 보였다고 한다. 버핏은 선생님이 소유한 주식을 공매도(주가 하락에 투자하는 것)하고 거래 내역서를 선생님에게 보여주어 스트레스를 주면서 괴롭힌 적도 있다고 한다.

고등학생 때 그는 이미 교사들보다 높은 수입을 올렸다.

20대에 오마하에서 사무실을 연 그는 현재도 그곳에서 쭉 주식 투자를 하고 있다. 젊은 시절부터 계속해서 같은 생활을 하고 있는 것이다.

버핏은 아침에 일어나면 차로 20분 정도 걸리는 사무실로 출근한다. 도중에 맥도날드 드라이브스루를 이용해 아침식사를 사는 것도 일과다. 회사에 도착하면 사무실에서 5~6시간은 신문이나 책, 시장 상황과 관련된 정보를 읽는다. 상당히 단순한 생활 패턴이다.

하지만 그에게는 다른 사람과는 다른 한 가지 습관이 있다.

버핏은 어렸을 때부터 자신에게 중요한 정보는 모두 암기해버렸다. 특히 숫자를 좋아했는데 초등학생 시절부터 오마하의 도시 인구 등 많은 통계 자료를 암기했다. 대학 시절에는 교과서를 통째로 외울 정도였고, 투자가가 된 뒤에도 여러 기업의 순이익이나 매출 등을 머리에 입력했다.

그의 자서전 《스노우볼》에는 이 습관이 자신의 성공을 결정지었다고 한 구절이 있다. 무슨 의미일까? 대중이 생각하는 버핏은 대기업으로 성장하기 전의 유망주를 한눈에 알아보는 놀라운 안목을 가지고 장기 투자를 해서 결국 큰돈을 번다는 이미지가 있다. 하지만 실제 버핏은 엄청난 주식 종목 정보를 치밀하게 분석하여 투자한다.

주식 시장에 많은 종목이 존재하지만, 그중 100개 회사의 정보를 분석한다고 해보자. 보통 사람은 종목 정보를 차례차례 살피다 보면, 전에 본 기업 정보는 잊어버리기도 한다. 이렇게 되면 투자 대상을 비교하고 분석하기가 어려워진다.

하지만 버핏처럼 이 모두를 기억한다면, 머릿속에서 정보의 관련성을 생각할 수 있다. 결산서를 보면서 이런 연상이 가능한 것이다.

'이 회사는 적자이기는 하지만 작년 대비 적자가 감소했고, 매출은 증가했다. 투자를 고려해보자.'

'이 회사는 올해 순이익이 급속하게 증가하고 있다. 이유가 무엇일까?'

작년 데이터를 기억하지 못하면 이런 연결이 불가능하다. 물론 데이터를 끌어와 비교할 수 있지만 하나하나 대조해보려면 아무리 시간이 많아도 부족할 것이다. 결국 기억하지 못하면 대부분의 데이터가 단순한 숫자의 나열에 지나지 않게 된다. 이것은 커다란 차이다.

요즘 주입식 암기 중심의 공부는 좋지 않다는 의견이 자주 들린다. 그리고 천재는 암기가 아니라 직감이나 논리로 모든 문제를 해결한다라고도 말한다. 암기가 논리적 사고와 정반대의 위치에 있다고 여긴다.

하지만 〈포춘〉의 편집장이었던 제프 콜빈은 저서 《재능은 어떻게 단련되는가?》에서 전문 분야에 다양한 지식을 가진 사람이 더 큰 성과를 낸다는 연구 결과를 다수 소개했다.

그 이유는 버핏의 사례처럼 다양한 지식이나 데이터를 기억하고 있으면, 그것을 이용하여 더욱 고차원의 사고를 할 수 있기 때문이다. 자신이 만든 프로그램을 모두 기억한 빌 게이츠나, 그날 자신이 친 샷을 전부 떠올릴 수 있는 프로 골퍼 잭 니클라우스 등, 비슷한 사례는 많다.

'암기는 나쁜 공부법이다'라는 잘못된 관념에 사로잡히지 말고 자기 일과 관계 있는 정보는 가능한 한 기억하도록 노력하면 업무 능력이 향상된다.

독수리 타법도
무기가 될 수 있다

J. R. R. 톨킨

J.R.R. Tolkien, 1892~1973

2001년에 상영되어 대히트를 친 영화 〈반지의 제왕〉 시리즈의 원작은 고대 신화에 정통한 학자 J. R. R. 톨킨의 소설이다. 그는 1937년부터 소설을 썼는데 영화화된 것은 원작자가 사망하고 나서도 28년이 지나서다. 이유는 CG(컴퓨터 그래픽스)와 모션 캡처 기술이 작품 중의 판타지 세계를 표현할 수 있는 수준이 될 때까지 시간이 걸렸기 때문이다.

이 영화는 CG를 많이 사용한 것으로 유명하지만, 톨킨은 기술 발전에 무지한 사람이었다. 그는 타자기를 사용해 소설을 썼는데 타이핑이 매우 서툴러 양손의 검지, 즉 2개의 손가락만으로 자판을 찍었다고 한다.

톨킨은《반지의 제왕》의 모든 원고를 2개의 손가락으로 다 쳤다. 물론 좋은 습관이라고 할 수는 없다. 해보면 알겠지만 2개의 손가락으로 타이핑하는 것은 비효율적이다.

그래도 소개하는 이유는 일할 때 기술만이 중요한 게 아님을 증명하는 습관이기 때문이다. 물론 타이핑은 열 손가락 모두를 사용하는 쪽이 올바르고 빠른 방법이다. 하지만 열 손가락으로 삼류 소설을 쓰는 것보다 두 손가락으로《반지의 제왕》을 쓰는 쪽이 훨씬 가치가 있다.

옥스퍼드 대학교 교수였던 톨킨은 토론 그룹에서 논의하기를 즐겼다. 동료와 고대 노르웨이어로 아이슬란드 신화를 읽는 그룹에도 참가했다.

이렇게 고대 신화에 조예를 쌓은 그는 지식을 총결집하여《반지의 제왕》의 추상적인 세계관을 만들어냈다. 톨킨의 핵심 능력은 고대 신화와 관련된 지식이었다. 타이핑은 그것을 아웃풋하기 위한 수단에 지나지 않는다.

업무에서 잘하는 부분, 잘못하는 부분이 있는 것은 당연하다. 어떤 기술이 부족하다 해도 평소 잘하는 분야를 갈고닦는다면 나머지는 저절로 메꿔질 것이다. 무엇보다도 본인 업무에서 핵심이 무엇인지를 알고 그것에 집중하는 것이 중요하다.

작업 프로세스를
기록해야 하는 이유

게오르크 프리드리히 헨델
Georg Friedrich Händel, 1685~1759

"헨델은 가장 위대한 작곡가다."

'악성(樂聖)'으로 불린 루트비히 판 베토벤이 게오르크 프리드리히 헨델을 두고 한 말이다. 요한 제바스티안 바흐가 '음악의 아버지'라고 불리며, 헨델은 '음악의 어머니'라고 불리는 것을 봐도 바로크 음악에서 헨델이 어떤 위치에 있는지 알 수 있다. 그를 모르는 사람도 '할렐루야, 할렐루야, 할렐루야, 할렐루야, 할렐루야~'로 시작하는 '할렐루야 합창'은 한 번쯤 들어봤을 것이다.

헨델은 작품을 완성할 때까지 프로세스를 모두 완벽하게 기록하는 습관을 지니고 있었다. 작곡한 시기, 곡의 아이디어가 떠오를 때 메모한 '스케치 악보', 작곡 초기의 악보, 작곡 중기의 악보, 완성 악보… 모든 것을 모아놓았다.

'그게 그렇게 신기한 습관일까?'라고 생각하는 독자도 있을지 모르겠지만, 다른 유명 작곡가들은 완성 악보조차 남기지 않은 경우가 많다.

바흐, 베토벤 등의 곡은 후세에 사람들이 조각만 있는 악보를 모아 전체상을 유추하기 위해 엄청난 고생을 했다. 자기 작품의 완벽한 악보를 남긴 사람은 헨델이 거의 유일하다. 덕분에 헨델이 남긴 기록은 후세 음악가와 학자들이 작곡을 공부할 때 귀중한 교재가 됐다. 헨델의 창조적인 작곡 과정에 대한 논문도 몇 개 있다.

꼼꼼하고 빈틈없게 무언가를 기록하는 습관은 비즈니스에서도 도움이 된다. 하나의 프로젝트를 진행할 때 어떤 착상을 떠올렸는지, 그중 무슨 아이디어가 큰 호응을 받았는지, 최종적으로 성공했는지 실패했는지를 나중에 분석할 수 있기 때문이다.

심지어 현대에는 기록할 때 잉크나 종이가 필요 없다. 메모를 휴대전화로 촬영하여 보관해둘 수도 있고 기록을 모으기 위한 애플리케이션도 풍부하다. 꼭 자기 나름의 기록 방법을 찾아서 업무 과정을 되돌아보는 습관을 익혔으면 한다.

주어진 것을
그대로 사용하지 않는다

나카무라 슈지
中村修二, 1954~

컴퓨터를 사서 기본 설정 그대로 사용하는 사람보다 자신에게 맞게 변형해놓는 사람의 수입이 높다는 연구 결과가 있다. 주어진 툴을 그대로 사용하기보다 필요에 맞게 바꾸고 고민하는 사람이 창조성이 풍부하고 우수하기 때문이다.

이것과 관련 있는 것이 청색 LED를 발명하여 2014년에 노벨 물리학상을 받은 나카무라 슈지의 습관이다. 나카무라는 니치아 화학공업에서 회사원으로 일하다 물리학의 난제였던 청색 LED 발명에 성공했다.

나카무라에게는 실험할 때 장치를 개조하여 사용하는 습관이 있었다. 그는 저서에서 일본의 연구자들이 설비를 자신에게 맞게 바꾸지 않고 그대로 사용하는 것을 비판했다. 특히 대기업 연구원들이 이런 경향이 강한데 대기업은 설비에 큰 투자를 해주기 때문에 설비를 개조하는 습관이 길러지지 않는다고도 했다. 결국 실험하기는 편할지 모르지만 자신에게 맞게 바꾸는 과정을 통한 새로운 발견은 어려워진다.

나카무라가 청색 LED를 발명할 수 있었던 것도 이 습관 덕분이다. 나카무라는 현장의 엔지니어에게 용접과 유리 구부리는 기술 등을 배워 스스로 실험 설비를 개조할 기술을 쌓았다. 그가 청색 LED 개발에 성공한 것은 다른 사람이 연구하지 않았던 '질화갈륨(GaN)'을 사용했기 때문인데, 당시 시장에는 이것을 가공할 수 있는 장치가 존재하지 않았다. 보통의 연구원이라면 여기서 포기했겠지만, 나카무라는 현장에서 갈고닦은 기술을 사용해 '질화갈륨'을 가공할 수 있도록 실험 장치를 개조했다. 그 장치가 무려 2억 엔이나 했다고 하니 상당한 용기가 필요한 결단이었다.

이처럼 주어진 것을 그대로 사용하지 않고 조금이라도 자신에게 맞게 바꾸는 것은 성공하는 사람에게 공통으로 나타나는 특징이다. 또한 소프트웨어도, 장치도 필요에 맞게 바꾸는 과정에서 부산물로 그 기능에 대한 지식까지 자연스럽게 익히게 된다는 점도 지적하고 싶다.

지금 앉은 자리에서
탈출하라

리드 헤이스팅스
Reed Hastings Jr., 1960~

리드 헤이스팅스는 미국 최대의 영상 스트리밍 서비스 회사인 넷플릭스를 창립했다. 넷플릭스는 인터넷을 이용한 비디오 대여 서비스로 사업을 시작했다. 가입을 하면 비디오를 하나 빌릴 수 있고, 빌린 비디오는 계속 가지고 있을 수 있지만 다른 비디오를 빌리기 위해서는 기존 비디오를 반납해야만 하는 구조였다.

이것은 대여 비디오 업계가 오랫동안 고민했던 악성 미반납 고객 문제를 간단하게 해결한 룰로 유명하다.

그다음 넷플릭스는 인터넷이 빨라지자 즉각 스트리밍으로 영상을 전송하는 서비스로 전환했다. 이것이 대박을 쳤다. 대여점에 가서 비디오를 빌리거나, 인터넷에서 빌린 비디오가 올 때까지 기다리는 불편이 사라졌고 바로 영상 시청이 가능했기 때문이다.

비디오 대여 시장을 그대로 인터넷 세계에 가지고 온 헤이스팅스는 이제는 케이블 TV 사업자들이 가장 두려워하는 인물이 됐다. 넷플릭스 하나면 충분해서 케이블 TV를 해지하는 소비자가 급증했기 때문이다.

헤이스팅스에게는 개인 사무실이 없다. 그 이유는 스마트폰으로 대부분의 업무를 처리하는 습관을 지녔기 때문이다. '휴대전화만으로 일한다'라고 하면 성실하지 않은 듯한 인상을 받지만, 선입견을 버리고 생각하면 경영자가 반드시 사무실에 있어야만 한다고 정해진 법칙도 없다.

모바일 디바이스와 인터넷의 급속한 발전에 따라 메일 주고받기는 물론, 소프트웨어도 클라우드상에 있는 것을 사용하는 사람이 증가했다. 헤이스팅스 역시 노트북이 있지만, 전혀 켜지 않는 날도 많다고 한다.

그는 일일이 사무실로 돌아가 컴퓨터를 사용하는 대신 사내외에서 여러 사람과 만나 커뮤니케이션하는 데 더 많은 시간을 쓴다.

그렇다고 모든 사람이 스마트폰 하나로 일해야 한다고 말하는 것은 아니다. 이 습관에서 배울 점은 일 처리 방식에 대한 선입견을 버리자는 것이다.

비즈니스 전개 방식은 스포츠와는 다르게 꼭 지켜야 하는 룰이 없다. 특히 요즘은 기술이 엄청나게 발전해 기존 방식을 고집할 필요가 없는 경우가 증가하고 있다. '지금까지 이렇게 해왔으니까'라는 선입견에 사로잡히지 말고 '이것이 과연 최적의 방법일까'라고 항상 질문하는 자세가 필요하다.

계속 질문하다 보면 헤이스팅스처럼 혁신적인 비즈니스 모델을 만들어낼 수 있을지도 모른다.

'평범한 사람'이
좋아하는 것을 선택한다

요하네스 케플러
Johannes Kepler, 1571~1630

요하네스 케플러는 16세기 말부터 17세기 초에 활약한 독일의 천문학자이자 물리학자다. 그는 천체의 움직임을 관찰하여 '행성의 궤도는 타원이다'라는 '케플러 법칙'을 발견했다.

이 법칙은 후에 아이작 뉴턴이 이어받아 고전 물리학을 발전시켰다. 일반적으로 고전 물리학은 갈릴레오 갈릴레이부터 시작하여 케플러를 거쳐 뉴턴이 완성했다고 한다.

이런 위대한 과학자인 케플러에게도 기이한 습관이 있었다. 바로 점성술을 즐겼다는 점이다. 말할 것도 없이 점성술은 '별의 위치로 미래를 예지하거나 인간의 운명을 점쳐본다'는 미신이다.

그는 항상 망원경으로 별을 관찰했기 때문에 천체의 움직임을 읽는 것이 특기였지만(케플러는 실제로 몇 가지 예언을 적중시켰다고 한다), 왜 이와 같은 미신을 연구했을까?

그것은 당시 점성술이 돈이 됐기 때문이다. 현대에는 우수한 과학자라면 국가 예산을 지원해주지만, 근세 시대 때에는 연구만으로 먹고살 수 없었다. 하지만 자신의 운세를 점쳐보고 싶어 한 사람은 많았기에 이 부분을 파고들면 돈이 됐다.

결국 케플러는 점성술로 돈을 벌어 자신의 연구에 투자했다. 다행히 천문학자로 유명했던 케플러의 점성술은 큰 호평을 얻었다. 그를 지원해준 인물 중에는 신성로마제국의 황제, 루돌프 2세도 있었다. 케플러가 예언한 오스만제국의 침략과 이상한파가 적중했기 때문이다.

또 케플러의 어머니는 악명 높은 '마녀사냥'의 표적이 되어 화형을 선고받았다. 하지만 케플러가 루돌프 2세의 마음에 들었기 때문에 화형을 면했다. 케플러는 천문학자, 물리학자로서의 실력이 아니라 점성술사로서의 명성으로 어머니를 구했다.

케플러는 '이 못난 자여, 점성술이라는 일반인에게 평판이 좋지 않은 직업에 종사하여 그 이익으로 현명하지만 가난한 어머니와 천문학을 길렀네'라고 썼다. 힘을 가진 자가 미신을 믿어 지불한 돈이 결과적으로 천문학을 발전시켰음을 비꼰 것이다.

일반적으로 천재들은 '하고 싶어 하는 것만 평생 추구한다'라고 한다. 그래서 젊은이들에게 '좋아하는 일을 하라'와 같은 듣기 좋은 말을 하는 것으로 이어진다.

하지만 케플러처럼 능숙하게 전문 분야와 실제 사회 사이의 접점을 찾아 생활의 양식을 얻은 인물도 많음을 잊어서는 안 된다. 천재조차 꿈을 이루기까지의 시간 동안에는 돈을 벌어 먹고살아야 한다.

어떻게 체크리스트는
성공 습관이 됐을까?

마리사 메이어
Marissa Mayer, 1975~

마리사 메이어는 젊은 나이에 '실리콘밸리에서 가장 성공한 여성'으로 불린다. 스탠퍼드 대학교에서 컴퓨터학을 배운 그녀는 막 세워진 구글에 엔지니어로 입사했다. 당시 구글은 사원 스무 명 정도의 회사로 여성 엔지니어는 그녀가 처음으로 입사했다. 메이어는 구글 서비스의 유저 인터페이스(이용자에게 표시되는 각종 정보)를 개선하는 데 실력을 발휘하여 입사 6년 만에 부사장으로 발탁되었다.

우리의 생활에 완전히 동화된 지 오래인 '구글 검색' '구글맵' '지메일' 등은 대부분 그녀가 발전시켰다고 보면 된다. 그 수완 덕에 2012년에는 야후의 CEO로 뽑혔다(하지만 그녀도 쇠퇴해가는 야후를 부활시킬 수는 없었다).

메이어는 예전에는 도를 넘는 하드 워커였으며 사교적이지 않고 일에 감정을 끌어오지 않았기에 '로봇 같다'라는 평가도 받았다. 그녀에게는 중요한 의사결정을 할 때면 감정을 배제하고 나름의 계산을 하는 습관이 있었다.

구체적으로는 검토하는 사안을 여러 요소로 나눠 각각에 점수를 준 뒤 합계가 높은 것을 고르는 방식이다.

진학할 학교를 결정할 때도 이 방법을 사용했다.

1993년 메이어는 하버드, 예일을 비롯해 10여 개의 명문 대학교에 동시 합격했다. 이때 어느 곳을 갈지 결정하기 위해 표 계산 소프트웨어에 여러 변수를 입력하여 계산해봤다고 한다.

그녀처럼 각 항목마다 점수를 분배해 합산하는 방법까지는 쓰지 않는다고 해도 '자신만의 의사결정 체크리스트'를 만들어 장단점을 냉정하게 바라보는 의사결정 과정은 누구나 활용할 수 있다. 실제 사례를 하나 소개하겠다.

다음 페이지의 표는 대학교 후배가 어떤 기업에 갈지 고민할 때 만든 체크리스트다. 그는 대기업과 작은 게임 회사에 합격하여 어느 곳을 갈지 망설였다. 체크리스트의 3개 항목 중에서 대기업이 2개, 게임 회사가 한 가지 요건을 만족시키고 있음을 알았지만 결

취업 선택	중소기업	대기업
업무	전공 지식 활용 가능	대학 전공과 다름
수입	적다	많다
생활	업무량(야근) 많음	정시 퇴근 가능

국은 게임 회사를 선택했다. 아직 젊기 때문에 자신이 잘하는 분야를 활용하여 재미있는 일에 도전하는 것에 가중치를 두었기 때문이다.

이처럼 중요한 결정을 할 때 체크리스트를 사용하면 각각의 선택이 많은 요소로 나뉘어 선명하게 장단점이 보인다.

Productivity

비판적으로 생각하는
기술이 필요한 순간

알랭 뒤카스
— *Alain Ducasse, 1956~*

'프랑스 최고의 셰프'인 알랭 뒤카스는 16세부터 요리 일을 시작했다. 그리고 24세에 실력을 인정받아 '세계 3대 셰프' 중 한 명인 로제 베르제가 운영하는 '라망디에르'의 셰프가 되었다.

28세에는 미슐랭에서 별 2개를 받았고, 34세 때는 미슐랭 역사상 최연소로 별 3개를 받았다. 현재는 3개국에서 레스토랑을 경영하고 있으며, 지금까지 받은 미슐랭 별은 총 18개다.

뒤카스에게는 철이 들었을 때부터 요리를 평가하는 습관이 있었다. 할머니가 음식을 하면 "콩을 너무 오래 삶았네요" 하고 지적했다. 그 정도로 미각이 민감했기에 요리사가 천직인 것이다.

그는 요리사가 되기 위한 정석 코스를 밟는다. 수스통의 파비용 랑데, 보르도의 호텔 조리학교를 거친 뒤, 외제니 레 뱅의 미셸 게라르, 무쟁의 로제 베르제와 파리의 르노트르의 지도하에 수련을 쌓았다.

그는 요리 수업을 시작하고는 하루에 4시간 정도만 자며 열심히 일해서 '로봇 셰프'라는 별명을 얻기도 했다. 재능에 안주하지 않고 노력했기 때문에 성공은 당연했는지도 모른다. 그 바탕에는 맛없는 요리는 누가 만들었든 맛없다고 말하던 어린 시절부터의 타협하지 않는 요리 철학이 있다. 그러한 자신의 철학을 담아 기본 참고서가 될 만한 다수의 요리책을 출간했으며, 요리 학교를 운영하며 전 세계 고급 레스토랑에서 실력을 발휘할 인재들을 양성하는 데 힘을 쏟았다.

일반적으로 학교에서는 '단점보다 장점에 주목하자'라고 배우고, 무슨 일이든 비판적으로 보는 사람을 좋게 평가하지 않는 경향이 있다. 하지만 이것은 뒤집어 생각하면 편견에 사로잡히지 않고 정확하게 문제점을 간파하는 능력이 있다는 의미다.

최근에는 이런 능력을 '비판적 사고력'이라 하며 고등 교육에서 학습하도록 커리큘럼에 추가해야 한다는 의견이 있다.

비판적 사고를 오랜 시간 연구한 교토 대학교의 구스미 다카시는 비판적 사고란 '논리적, 합리적 사고이자 기준에 따른 사고'이며, '더 좋은 사고를 위해 목표나 맥락에 따라 실행하는 목표 지향적 사고'라고 정의했다.

즉 결코 타인을 공격하기 위한 부정적인 사고가 아니다. 뒤카스도 할머니가 싫어서 평가하고 지적한 것이 아니다. 비판적 사고를 두려워할 필요가 없다. 오히려 적극적으로 익혀서 현상을 냉철하게 파악해야 한다.

러브레터 대필이
명작을 탄생시켰다?

요한 볼프강 폰 괴테
Johann Wolfgang von Goethe, 1749~1832

독일의 대표적인 문호인 요한 볼프강 폰 괴테는 소설《젊은 베르테르의 슬픔》, 서사시《헤르만과 도로테아》, 시극《파우스트》등 폭넓은 분야에서 걸작을 남겼다. 또 자연과학자로서 인간 골격에서 새로운 발견을 했고, 광물학자로서도 침철석(영어로 괴타이트, goethite)에 자신의 이름을 남겼다.

괴테는 젊었을 때 친구의 러브레터를 대필해준 적이 있다. 어릴 적부터 시를 잘 썼던 괴테가 쓴 러브레터는 분명 효과가 있었다. 그런데 처음에는 단순한 장난이었지만, 러브레터를 대필해주면서 상대방인 연상의 그레트헨을 사랑하게 됐다. 하지만 그 짝사랑은 맥없이 끝나버렸다. 괴테가 친구를 위해 러브레터의 초안을 쓰는 모습을 그레트헨이 목격한 것이다.

하지만 이 사랑의 경험은 그가 나중에 쓴 여러 걸작의 바탕이 되었다. 또 그레트헨은 괴테의 대표작이 된 장편 희곡《파우스트》 1부에 나오는 여주인공의 이름이 됐다.

괴테는 친구의 부탁을 재능 낭비로 생각하지 않고 모든 것을 쏟아 대필했다. 러브레터의 상대를 사랑하게 돼버린 것이 그 증거다. 러브레터는 사람의 마음을 움직인다. 그는 러브레터를 쓰면서 사람의 마음을 훔치는 능력을 갈고닦았고 그 후 사랑과 실연을 원동력으로 작품을 만들어냈다.

이 사례에서도 알 수 있듯이 재능을 발휘할 기회를 얻는다면 '돈이 되지 않는다' '시간 낭비다'라고 망설이지 말고, 아낌없이 뛰어들어 봐야 한다. 그렇게 하면 재능과 관련된 많은 것을 경험할 수 있다.

최근에는 부업을 봐주는 기업도 증가하고 있으니 자신의 힘을 시험해보고 싶다면 직장 이외의 장소에서 손익을 떠나 도전해봤으면 한다.

타인의 성공을
알고 있어야 하는 이유

프랜시스 크릭
Francis Crick, 1916~2004

프랜시스 크릭은 제임스 왓슨, 모리스 윌킨스와 함께 DNA의 구조를 밝혀 노벨 생리의학상을 받은 영국의 생물학자다. 수상에 논란의 여지는 없었지만 '다른 사람에게도 줘야 하지 않은가'라는 의견이 나왔다. 이 업적은 동시대 다른 과학자들의 실험 결과 없이는 이룰 수 없었기 때문이다.

예를 들어 크릭과 왓슨이 DNA의 이중나선 구조를 발견할 수 있었던 것은 주변 연구실에 있던 윌킨스가 그의 동료 로절린드 프랭클린이 촬영한 X선 해석 사진을 보여준 것이 중요한 힌트가 됐지만, 프랭클린은 노벨상을 받지 못했다.

크릭에게는 동시대 학자들이 무엇을 연구하고 있는지 많은 관심을 가지고 조사하며 돌아다니는 습관이 있었다. 또 다른 과학자가 진행하는 연구가 어떻게 중요한지, 무엇이 자신에게 도움이 되는지를 알아보는 능력이 있었다.

그날도 크릭은 왓슨과 함께 윌킨스의 연구실을 방문해 프랭클린이 유전자 구조를 해명하는 데 중요한 도움이 되는 사진을 찍었다는 것을 알고 사진을 입수했다. 이것은 그들의 DNA 구조 가설이 맞다는 것을 증명하는 결정적인 증거가 됐다.

프랭클린의 연구 자세는 크릭과는 대조적이었다. 그녀는 중요한 데이터를 가지고 있었지만 잘못된 방향으로 연구를 진행하고 있었다. 그런데도 다른 연구실의 과학자들에게는 눈길도 주지 않고 자신의 방식을 고집했다. 또 그녀는 연구실의 고참 윌킨스와 사이가 좋지 않아 대립관계였는데, 그것이 사진 유출로 이어졌다고 보기도 한다.

어쨌든 프랭클린은 마음을 열고 개방적으로 다른 연구를 보고 돌아다닌 크릭과는 다른 태도를 지녔다. 자존심이 센 사람은 타인에게 가르침을 청하거나 무지를 드러내 정보를 모으기 힘든 경우가 많다. 그 허들을 넘는 사람이 적기 때문에 오픈 마인드야말로 성공의 지름길이 된다.

4장

스트레스를
쓸모 있게
바꾸는 습관

어디서부터 어디까지가
습관일까?

스즈키 이치로

鈴木一朗, 1973~

일본에서 '루틴(일과)'이라는 말을 유행시킨 사람은 미국 메이저리그에서 활약한 이치로 선수다. 그는 일본의 오릭스 블루웨이브에서 7년 연속 수위 타자였고, 일본 야구선수로는 처음으로 메이저리그에 도전했다. 시애틀 매리너스에서 루키부터 시작해 수위 타자, 도루왕, 최다 안타, MVP, 골든글러브상 등을 휩쓸고 2010년까지 10년 연속 200안타를 기록했다. 2019년 3월에 은퇴를 발표했는데 차후 야구 명예의 전당에 들어가는 것이 확실하다고 한다.

이치로의 기록에는 '연속'이 많이 붙는다. 뛰어난 메이저리그 투수들과 승부해 10년이나 되는 오랜 시간 동안 안정적으로 훌륭

한 성적을 거두려면 몸을 계속 좋은 상태로 유지해야만 한다. 이치로가 늘 최상의 컨디션을 유지할 수 있게 해주는 것이 바로 일상의 루틴이다. 그는 매번 똑같은 준비 동작을 하고 난 뒤 타석에 들어갔다.

가볍게 배트를 휘두르고 오른쪽 발을 돌리고 왼쪽 발을 돌리고 살짝 몸을 숙인 후 배트로 스파이크를 오른쪽 왼쪽 순으로 치고, 발판을 다듬고 배트를 만지고 배트를 세우고 소매를 잡아당긴다….

이상이 이치로가 타석에서 행하는 루틴이다.

이치로는 시합 전, 시합 후 행동에도 루틴이 있다. 내일 경기를 한다면 시작 시각부터 거꾸로 계산하여 잠자는 시간, 일어나는 시간, 식사 시간 등 모든 스케줄을 정한다. 연간 시합 일정은 시즌 개막 시 알 수 있으니 이치로의 1년 동안의 움직임은 시즌 개막과 동시에 자동으로 결정되는 것이다.

이 부분만 보면 단순히 이치로가 매년 우수한 성적을 올리기 위해 고생하여 루틴을 지키는구나 생각할 수 있지만 그게 아니다.

불안증과 스트레스 전문가인 스티브 오르마 박사에 의하면 루틴에는 스트레스를 완화하는 강한 효과가 있다고 한다. 즉 이치로는 성과를 내기 위해 고통을 참으며 루틴을 지키는 것이 아니라 '가장 스트레스를 받지 않는 하루를 보내는 방법'을 추구했더니 자연적으로 루틴이 생기게 됐고 이를 매년 반복한 것이다.

스트레스를 받지 않으려고 영양소가 풍부해도 싫어하는 음식은 기본적으로 먹지 않는다. 시즌 중에는 오로지 카레와 국수만 먹는 것 역시 유명한 이야기다. 어떤 원정지에서는 반드시 특정 피자집에서 특정 메뉴만 먹는다는 일화도 있다.

이치로와 마찬가지로 메이저리그에서 통산 3,000안타를 달성했고 야구 명예의 전당 입성을 확정 지은 대타자, 웨이드 보그스도 이상한 루틴을 엄격하게 지키는 것으로 유명하다.

그는 매일 같은 시간에 기상하여 시합 전에 반드시 치킨을 먹고, 딱 150개의 땅볼을 처리하고 오후 5시 17분에 타격 연습에 들어갔으며 오후 7시 17분에는 그라운드를 달렸다. 상대 팀이 일부러 구장의 시계를 고장 냈는데도 보그스가 정확한 시간에 이 루틴을 지켰다는 전설도 있다.

그들에게서 배울 점은 스트레스 완화를 위한 루틴은 딱히 이치에 맞지 않아도 된다는 것이다. 특히 중요한 일(시험, 협상, 연설 등) 전에는 좋아하는 것 참기도 스트레스이기 때문에 칼로리가 높은 음식을 먹는 등 평소 억눌렀던 일을 하는 쪽이 좋다. 이때는 스트레스를 완화시켜 마음의 건강을 확인하는 것이 루틴이기 때문에 몸의 건강은 일단 잊어버려도 된다.

독자들도 스트레스를 줄이는 자신만의 루틴을 만들어보기 바란다.

Stress

일과 정반대의
취미가 만나면?

루이스 캐럴
Lewis Carrol, 1832~1898

《이상한 나라의 앨리스》는 영국 작가 루이스 캐럴이 쓴 아동 문학 역사상 길이 남을 걸작이다.

어느 날, 어린 소녀 앨리스는 하얀 토끼를 쫓아 이상한 나라를 헤매다 사람 말을 할 수 있는 동물과 움직이는 트럼프를 만나는 기상천외한 모험을 하게 된다. 상식이 전혀 통하지 않는 세계를 그렸지만 실은 작가인 캐럴(본명 찰스 도지슨)은 수학자이자 논리학자가 본업이다. 그에게는 자기 일과 정반대되는 비논리적이고 꿈 같은 이야기를 창작하는 습관이 있었다.

캐럴이 크라이스트처치의 기숙사에서 지내던 시절, 기숙사를 관리하던 헨리 리델 가족과 친해졌다. 리델에게는 로리나, 앨리스, 이디스라는 세 명의 자녀가 있었고, 캐럴은 종종 그들을 데리고 보트 놀이를 나갔다.

1862년 캐럴은 세 아이를 데리고 강으로 피크닉을 갔고 언제나처럼 환상적인 이야기를 들려주었다. 나중에 앨리스가 책으로 만들어줬으면 좋겠다고 졸라서 크리스마스 선물로 자비 출판한 것이 《이상한 나라의 앨리스》의 원형이 된 《지하나라의 앨리스》다.

캐럴이 이런 습관을 지니게 된 까닭은 예술 세계에서 성공하고 싶다는 명예욕도 있지만 수학 세계에서 느낀 지루함을 해소하고 싶었기 때문이라는 설도 있다.

이처럼 직업과는 정반대의 방향으로 취미를 가지는 것 또한 재충전에 좋은 습관이다. 물리학자인 알베르트 아인슈타인의 취미가 바이올린 연주였다는 점이나 학자이자 정치가였던 벤저민 프랭클린이 체스를 좋아했다는 것이 비슷한 사례다.

현재 많은 심리상담사가 업무와 관계없는 분야에서 취미를 가지거나 지역 활동을 열심히 하면 일을 하면서 받는 우울증을 줄이고 생산성을 높이기까지 한다고 조언한다.

'논리적'으로 생각해봐도 온종일 같은 작업을 하기보다는 자신이 즐기는 취미에 몰두하는 시간이 있는 쪽이 마음에 여유가 생기는 것은 자명하다.

3인칭 시점으로
말할 때의 기적

율리우스 카이사르
Gaius Julius Caesar, 기원전 100~44

종종 애니메이션에서 미소녀 캐릭터가 '나'라고 1인칭을 사용하지 않고, 스스로를 이름으로 부르는 경우가 있다('아키는~' '미오는~'과 같은 식이다). 이것은 귀여움을 어필하기 위한 습관이지만 다른 이유로 같은 습관을 지닌 고대 영웅이 있다.

로마 황제 율리우스 카이사르에게 자신을 3인칭으로 말하는 습관이 있다는 것은 유명한 이야기다. 원래 군인이었던 그는 갈리아 지방(지금의 프랑스)으로 원정을 갔을 때《갈리아 전기》를 집필했다.

일곱 권짜리 이 책에는 7년간의 기록이 담겼는데, 전쟁뿐만 아니라 원정지의 문화나 풍습 관련 정보도 많아서 여행기 같기도 하다. 명저로 알려져 현재에도 라틴어 교과서로 널리 사용된다.

이《갈리아 전기》를 쓸 때, 카이사르는 본인이 집필했음에도 자신을 '나'로 쓰지 않고 '카이사르'라고 칭했다. 예를 들어 '나는 오늘 프랑스에 도착했다'라고 할 부분을 '카이사르는 오늘 프랑스에 도착했다'라고 썼다. 저자 이름을 모르고 읽으면 마치 다른 사람이 기록한 책처럼 보인다.

그는 왜 이런 습관을 갖게 되었을까? 그것은 책 내용이 객관적이라는 인상을 주기 위해서였다. 제3자 시점으로 전쟁에서 거둔 성공을 자세히 기록하여 자기 홍보에 사용하려는 생각이었다. 실제로《갈리아 전기》는 당시 로마에서 베스트셀러가 되어 카이사르가 대중적인 인기를 얻도록 도왔다.

카이사르의 목표와는 별개로 이 습관에는 심리적인 다른 효과도 있다.

〈사이언티픽 리포트〉에 실린 논문에 의하면 3인칭 시점으로 하는 독백에는 스트레스를 완화하고 자기 긍정감을 올려주는 효과가 있다고 한다. 당사자의 관점에서 멀어져 감정을 객관적으로 관찰할 수 있고 이것이 심리적인 안정으로까지 이어진다는 것이다. 다른 나라로 원정 가서 스트레스에 노출되어 있던 카이사르도 무의식중에 이 습관의 심리적인 효과에 의지하고 있었는지도 모른다.

어느 쪽이든 힘든 일에 직면하고 괴로움을 느낄 때 활용해볼 만한 습관이다.

여담이지만 지인 중에 자신을 '너'라고 부르며 스스로에게 문자를 보내는 습관을 가진 사람이 있다.

'너, 오후에 있는 회의 준비 다 했어?'

'너, 매일 운동하는 것 좀 잊어버리지 마. 아프기라도 하면 나도 힘들어.'

이런 문자를 자신에게 보내는 것이다.

그는 자신이 쓴 문자지만 '너'라고 하는 것만으로도 마치 다른 사람에게 받은 메시지라고 착각해 의욕이 생긴다고 한다.

앞서 소개한 습관은 3인칭 시점이고, 지인의 문자는 2인칭을 사용했다는 점에서 형식은 다르지만, 당사자의 관점을 벗어나 관찰자의 시선을 이용한다는 점에서는 같은 효과를 노리고 있다고 할 수 있다.

Stress

'자기 암시' 주문은
왜 먹힐까?

로니 콜먼
Ronnie Coleman, 1964~

세계에서 제일 유명한 보디빌더라고 하면 나중에 배우로 전향한 아널드 슈워제네거일 것이다. 그는 프로 보디빌더계의 최고봉이라고 하는 '미스터 올림피아' 대회에서 통산 7회 우승을 거뒀는데, 로니 콜먼은 그것을 뛰어넘는 8회 연속 우승 기록을 올렸다.

1980년대가 슈워제네거의 시대였다고 하면 1990~2000년대는 콜먼의 전성기였다. 그는 미식축구 선수로 활약한 뒤 경찰관이 되어서 대회에 출전한 이색적인 경력을 가졌다.

콜먼은 보디빌더 중에서도 가장 무거운 웨이트를 사용하는 것으로 유명하다. 벤치프레스는 200kg, 데드리프트는 360kg, 레그프레스는 1t이다. 보디빌더 역사상 손에 꼽히는 괴력을 자랑한다고 해도 과언이 아니다.

그에게는 재미있는 습관이 있다.

이처럼 말도 안 되는 무게의 웨이트를 들어 올릴 때 기합을 넣어 '라이트 웨이트!!(가벼운 무게)'라고 외치는 것이다. 발로 1t의 웨이트를 밀 때도 그는 똑같이 외친다. 참고로 일반적인 성인 남성은 100kg도 어렵다.

이 습관은 '자기 암시'라고 하는 심리 테크닉을 활용한 것이다. 자기 암시는 말을 사용하여 사고와 감각을 조작하는 것으로 예전에는 최면술의 일종으로 여겨졌지만, 현대에 뇌의 활동 상태를 촬영할 수 있게 되면서 실제로 효과가 있음이 과학적으로 증명되었다.

콜먼 정도는 아니더라도 회사원도 사무실에서 우울해질 것 같은 엄청난 노동량을 감당해야 할 때가 있다. '이렇게 많은 일을 처리해야 한다니…' '이걸 끝마칠 수는 있는 걸까…'라고 생각했다면 부정적인 사고를 멈출 수 없게 된다.

우선 일을 시작하기 전에 자신에게 기합을 넣어 '이 정도는 간단하게 끝내지!' '아무것도 아니야!'라고 마음속으로 외쳐보자.

머릿속
비디오테이프를 재생한다

마이클 펠프스
～～～～～～～～～～～～～～～～ *Michael Phelps, 1985~*

수영이라는 스포츠에 전혀 관심이 없는 사람도 마이클 펠프스라는 이름은 들어봤을 것이다. 그는 수영 역사상 가장 뛰어난 선수라고 평가받는 인물이다.

펠프스에게는 트레이닝의 일환으로 비디오테이프를 재생하듯 완벽한 경기를 반복해서 상상하는 습관이 있다. 상상이라고 해도 두루뭉술하게 떠올리는 것이 아니다. 스타트대에서 물로 뛰어들고 스트로크를 하나, 둘, 셋…, 골 지점에 도착하면 턴을 하고 경기를 끝내고 수영모를 벗고 손으로 얼굴을 닦고, 전광판을 본다. 이 모든 과정을 세세하게 머릿속에서 반복하여 상상하는 것이다. 즉

이 '가상 경기'를 초 단위로 정확하게 재생한다.

펠프스는 아침에 일어난 뒤와 자기 전, 그리고 경기 직전에 항상 이 습관을 반복했다. 어린 시절부터 코치가 알려준 훈련법으로, 중요한 경기 전에 코치는 펠프스에게 머릿속에 비디오테이프를 준비해두라고 한다. 그러면 그는 마치 최면에 걸린 듯 머릿속에서 자동으로 완벽한 경기를 상상했다.

이 멘탈 트레이닝은 사고에서도 그를 구해주었다. 펠프스는 2008년 베이징 올림픽 남자 200m 접영 결승 경기 중 수경에 물이 들어가는 불운을 경험한다. 하지만 그는 조금도 당황하지 않았다.

여러 상상 경기 중 하나에 '시합 중 수경에 물이 들어간 경우'도 대비해 준비해두었기 때문이다.

펠프스는 우선 자신의 스트로크 수를 세기 시작했다. 평소 그는 50m를 19회에서 21회 스트로크해 헤엄친다. 마지막 50m에서 턴을 한 뒤 20회째 스트로크를 한 그는 이제 1회 남았다고 직감했다.

머릿속의 비디오가 앞으로 1회면 골인인 것이다. 그리고 21회째 스트로크를 끝내자 손에 터치판이 느껴졌다. 처음부터 마지막까지 비디오는 정확했다.

그리고 전광판의 그의 이름 옆에는 WR(세계기록)이라는 두 글자가 찍혔다. 보통의 선수였다면 포기할 뻔한 상황에서 그는 세계기록을 세우고 금메달을 땄다.

펠프스가 애용한 '뇌 속에서 비디오를 재생하는 상상 훈련'은 멘탈 트레이닝 세계에서 널리 이용된다. 예를 들어 많은 사람 앞에서 이야기하는 것이 서툰 사람은 아침에 일어날 때부터 연설 준비를 하고 연설을 끝내고 자기 전까지를 반복해서 상세하게 상상하면 정신적 부담을 없애거나 줄일 수 있다고 한다.

'실전'이 너무도 고통스러운 사람이라면 '실전을 끝내고 해방되어 좋아하는 것을 즐기고 있는 나'를 상상하면 긍정적으로 바뀐다는 테크닉도 있다. 상상 훈련 습관은 의외로 범용성이 높다.

천재들은 왜
'시'를 좋아했을까?

제임스 클러크 맥스웰
James Clerk Maxwell, 1831~1879

세인트캐서린 대학교의 연구에 의하면 시를 쓰는 습관은 정신건강 개선에 좋은 효과를 준다고 한다. 생활에서 깨닫게 된 교훈이나 마음속 생각을 단순한 메모가 아니라 시로 정리하는 과정에서 정신적 상처가 치료되고 스트레스가 줄어든다.

물리학자 제임스 클러크 맥스웰도 이와 같은 습관을 지닌 인물이었다.

'물리학의 3분의 1은 뉴턴이, 3분의 1은 아인슈타인이, 마지막 나머지 3분의 1은 맥스웰이 만들었다'라는 말이 있다.

과하게 단순화했지만 맞는 말이기도 하다. 뉴턴역학은 눈에 보이는 물체의 움직임을 설명할 수 있는 가장 중요한 이론이며, 아인슈타인의 논리가 없었더라면 양자역학과 현대 물리학이 존재하지 않았을 것이다. 또 맥스웰이 없었더라면 전자기학도 없었을 것이기 때문이다.

3분의 1을 담당한 아인슈타인도 맥스웰의 연구를 '아이작 뉴턴 이후 가장 심오하고 의미 있는 업적'이라고 평가했다.

맥스웰은 고전 전자기학을 완성한 위대한 물리학자이며 뉴턴보다는 뒤에, 아인슈타인보다는 이전 시대의 과학자다. 안타깝게도 그는 단명했다. 48세에 사망했기 때문에 그가 더 오래 살았더라면 '상대성이론'의 발견자가 달랐을지도 모른다고 평하는 사람도 있다.

앞서 말한 대로 맥스웰은 시를 좋아해 자기 생각을 시로 표현하는 습관이 있었다. 예를 들어 그는 무의식에서 영감이 생겨난다고 믿었는데, 이 생각을 시로 표현했다.

우리가 가진 힘과 생각은 떠오르기 전에는 보이지 않는다
의식의 움직임이라는 흐름을 타고 가만히 숨겨진 자아에서 온다
하지만 고요한 의지와 감각 속에서 왕래하는 생각의 움직임 안
우리는 그 밑에 숨겨진 심연의 돌과 소용돌이를 쫓아갈 수 있다

이처럼 그가 생각을 시라는 형태로 정리한 이유는 시의 간략성을 좋아했기 때문이다. 모든 통찰을 간단한 형태로 정리하는 행위는 연구 결과를 몇 가지 아름다운 이론으로 정리하는 것과 닮은 면이 있다.

맥스웰은 자신이 깨달은 것을 가능한 한 간결하게 정리했다.

천재들에게는 공통적으로 '단순함' '명쾌함'을 추구하는 습관이 있는데, 맥스웰도 마찬가지였다. 정신 건강을 위해서도 인생에서 무언가를 깨닫거나 배웠다면 짧은 문장(시나 하이쿠)으로 정리해보자.

Stress

실리콘밸리에서 명상이
인기 있는 이유

잭 도시
Jack Dorsey, 1976~

세계에서 가장 천재들이 많이 사는 지역을 꼽으면 미국 캘리포니아주에 있는 실리콘밸리일 듯하다. 실리콘밸리에는 최신 기술에 정통한 엘리트들이 우글우글한데 의외로 아시아 문화와 인도 철학에 탐닉하는 사람이 많다.

업무상 스트레스로 인해 힘들 때 '수행을 통해 정신을 단련하고 고통에서 해방되자'라는 동양철학을 접하여 흥미가 생긴 것이다. 실리콘밸리에 아시아 출신 인재가 늘어난 영향도 있다.

실리콘밸리에서 지금 유행하는 것이 명상이다. 구글에서는 업무 스트레스를 완화시키기 위해 명상 프로그램을 도입해 사원들에게 큰 인기를 얻었다.

실리콘밸리의 명상 팬들 사이에서 가장 유명한 존재는 트위터 창업자 잭 도시다.

그는 아침 5시에서 5시 30분 정도에 일어나 30분간 명상한다. 그다음 10km 조깅을 하는데 도시는 조깅도 명상의 연장으로 여긴다. 이 루틴을 끝내면 머릿속이 정리된다고 한다.

도시가 이 정도로 명상에 탐닉하는 이유는 딱 한 가지다. 실제로 효과가 있기 때문이다.

미국 오레곤 대학교의 연구에 의하면 명상에는 뇌 구조를 바꾸는 효과까지 있다고 한다. 실험에 참여한 사람들이 4주간 명상을 한 결과 자기 컨트롤에 관한 뇌 부위가 커졌다. 본격적인 명상에 돌입하지 않아도 1분 정도만 눈을 감고 천천히 호흡하면서 의식적으로 잡념을 없애면 복잡했던 머릿속이 정리되어 스트레스가 줄어드는 효과를 느낄 수 있다.

다음 장에서는 바쁜 독자를 위해 눈을 감는 습관을 소개한다.

때때로 눈을 감으면
보이는 것들

폴 고갱
Paul Gauguin, 1848~1903

"나는 보기 위해 눈을 감는다."

폴 고갱이 남긴 유명한 말로, 그가 화가이기 때문에 특히 인상에 남는 습관이다. 고갱은 이 습관에 대해 편지에 이렇게 썼다.

"나는 눈을 감고 내 앞에 펼쳐진 정의하기 어려운 무한의 공간 속 꿈을 본다."

그리는 대상이 있고, 그것을 눈앞 캔버스에 표현하는 화가가 갖기에는 이상할 수 있는 습관이지만, 이는 그의 세계관과도 밀접한 관계가 있다. 고갱은 사람을 그릴 때 외견이 아니라 그 사람에게 받은 인상을 중시했다. 즉 가능한 인물의 내면을 표현하려고 했다.

고갱은 분류하면 빈센트 반 고흐나 폴 세잔과 같은 '후기 인상파' 화가다. 알기 쉽게 말하자면 '전기 인상파'는 빛의 다양한 변화를 파악하여 '절대적인 색은 존재하지 않는다'라고 주장한 화가들을 일컫고, '후기 인상파'는 '절대적인 형태는 존재하지 않는다'라는 사상에 따라 그림을 그린 화가들이다. 풍경을 소용돌이처럼 구불구불하게 표현한 고흐의 '별이 빛나는 밤'을 떠올리면 이해하기 쉽다.

고갱은 그림뿐만 아니라 조각 작품도 많이 남겼는데, 개중에는 안데스 문명이나 마야 문명의 유적을 본 아이가 만든 듯 머리 크기가 극단적으로 변형된 조각상도 있다. 순수한 세계를 추구한 고갱은 아이처럼 세속적이지 않은 기법을 사용했다. 그가 눈을 감고 본 꿈도 아이의 꿈처럼 순수한 것일지 모른다.

고갱의 팬 중에는 큐비즘의 대명사 파블로 피카소가 있다. 피카소는 고갱의 작풍을 동경한 나머지 그것을 모방한 작품을 많이 남겼다. 피카소의 그림 중에는 '아이가 그린 듯한 그림'이라고 평가받는 것도 있는데 이것이야말로 고갱에게서 받은 영향이다.

앞에서 잭 도시의 명상 습관을 소개했는데, 명상할 시간조차 없는 독자에게는 고갱의 이 종종 눈을 감는 습관을 추천한다. 잠시 눈을 감기만 해도 뇌 속에서 심리를 안정시키는 알파파(α파)가 발생한다고 한다. 몇 초간 눈을 감는 것만으로 손쉽게 명상 효과를 얻을 수 있다.

스포츠 과학 전문가들도 멘탈 트레이닝의 일환으로 운동선수에게 종종 눈을 감는 방법을 권한다. 연구에 의하면 이 습관을 유지하면 선수의 근육과 운동 능력에도 좋은 영향을 준다고 한다. 확실히 스포츠, 특히 개인 종목의 국제 대회 시합 중계에서는 경기 시작 전에 심호흡을 하고 눈을 감는 선수를 많이 볼 수 있다.

눈 감기는 화가에게는 상상력을, 운동선수에게는 능력 향상을 가져다주는 과학적으로도 효과가 증명된 습관이다.

항상 최악을 생각하는
사람의 성공 기술

도널드 트럼프
Donald Trump, 1946~

미국의 45대 대통령 도널드 트럼프는 원래 부동산 투자로 큰 부를 쌓은 '부동산 왕'이다. 경제지 〈포브스〉는 그의 자산을 5조 원 정도로 추정한다.

매스컴은 그의 돌발적인 언동과 독특한 성격만 보도하지만, 이런 성격은 트럼프가 연출한 면도 있다. 트럼프는 매스컴을 이용하여 자신의 비즈니스를 공짜로 광고하는 방법을 항상 연구한다. 그가 대부호가 된 이면에는 현명한 의사결정과 여러 상황에 대비하는 태도가 있다. 대중 이미지와는 달리 그는 비즈니스 회의를 할 때는 항상 다른 사람의 말에 귀를 기울이는 스타일이라고 한다.

트럼프는 사물에 대해 생각할 때의 자신의 습관을 다음과 같이 말했다.

"내가 낙관적인 사고의 힘을 믿는다고 생각할지도 모르겠지만, 실은 비관적인 사고의 힘을 믿는다. 나는 항상 최악의 사태를 고려한다. 최악의 사태를 상상하면 어떤 문제가 발생해도 대처할 수 있다."

트럼프는 겉으로 보기에 낙관적이며 단순한 사람처럼 여겨지기에 상당히 의외인 발언이다. 실제 그는 일을 매우 신중하게 진행하며 어떤 비즈니스라도 최소 5~6개의 대안을 준비한다고 한다. 최악의 사태를 포함하여 무슨 일이 발생할지 모르기 때문이다.

확실히 '포지티브 싱킹'이라고 하면 듣기에는 좋지만 모든 것에 낙관적으로 임할 때 문제가 발생하면 대처가 어려워진다. 반대로 항상 최악의 상황도 떠올려보면 무슨 일이 일어나도 이미 검토를 끝냈기 때문에 그대로 움직이면 될 뿐이다.

'상스럽다' '대통령으로서의 품격이 없다'라는 비판에도 트럼프는 일정의 성과를 냈다. 경제는 안정됐고 실업률은 과거 최저치를 경신했으며 나스닥 지수 역시 최고치를 기록했다.

앞으로 대통령으로서 엄청난 실패를 하지 않는 이상 그는 미국 역사상 기업가로서의 성공과 대통령으로서의 영광을 동시에 거머쥔 유일한 인물이 될지 모른다. 그가 최고임에는 틀림없기 때문에 트럼프의 이런 습관을 배우는 것도 가치가 있다.

Stress

정보를 나를 보호하는
방패로 삼는다

존 에드거 후버

John Edgar Hoover, 1895~1972

존 에드거 후버는 미국 FBI(연방수사국)의 초대 책임자로 재직했다.
1930년대부터 1960년대를 무대로 한 할리우드 범죄 서스펜스 영
화에서 그가 은밀하게 활약하는 모습을 많이 볼 수 있다. 그도 그
럴 것이 후버는 FBI가 창설된 뒤 죽을 때까지 48년이라는 오랜 시
간 동안 그 자리를 지켰기 때문이다.

민주주의 국가에서 어떤 국가 기관의 책임자가 설립 시부터 죽
을 때까지 자리를 지켰다는 사례는 전무후무하다. 그것도 민주주
의가 가장 발달했다는 미국에서 말이다. 어떻게 이런 일이 가능했
을까?

그 비밀은 자신의 권한을 이용하여 정치가들의 오점을 수집하는 후버의 습관에 있다. 그는 모든 정치가의 사생활과 부정을 때로는 자택의 쓰레기통까지 뒤져가며 조사했다.

"후버 씨는 충분히 오래 일하지 않았습니까? 슬슬 때가 되는 것 같습니다."

이런 말을 하는 정치가가 한두 명이 아니었지만, 후버가 주머니에서 스캔들 증거가 되는 사진이나 녹음 데이터를 꺼내는 것을 보고 맥없이 물러갔다.

후버는 눈 감으면 코 베어가는 미국 정계의 중추로 이와 같은 방법을 사용하여 48년 동안 일하며 8대 대통령을 섬겼다(이렇게 말하는 것이 맞을까). 그야말로 처세의 달인이다.

가난한 집에서 태어난 후버는 젊은 시절부터 도서관 사서로 일하면서 공부해 변호사 시험에 합격한 다음 법무부에 입성했다. 바로 두각을 나타내 29세에 수사국의 국장이 됐다. 당시 미국 경찰은 주에서 각각 독립적으로 운영했다. '미합중국'이라는 나라 이름에서도 알 수 있듯이 미국은 주가 모여 만들어진 국가이기 때문에 당연한 일이다.

하지만 1930년대 갱의 조직범죄가 전국으로 확산되자 기존의 기구만으로는 대처할 수 없게 됐다. 그래서 정부는 주의 테두리를 넘는 수사를 할 수 있는 조직으로 수사국의 권한을 확대했고, 그것이 나중에 FBI로 발전했다. 이 과정에서 후버는 흉악 범죄자를 검거하면서 실적을 쌓아 올렸다. 과학 수사도 적극적으로 도입했다. 후버가 없었다면 FBI는 지금과 같은 모습이 아니었을 것이다.

이것은 그의 밝은 측면이다. 어두운 측면은 앞서 말한 위법을 써서 정치가를 미행하고 도청해 다양한 스캔들의 증거를 모았다는 것이다.

후버는 입에 담지 않았지만 이런 메시지를 정계 전체에 보냈다.

'나는 당신의 부정에 대한 증거를 쥐고 있지만 공개하지 않겠습니다. 그러니 당신도 나를 방해하지 마시오.'

이는 조직 안에서 살아남는 방법을 알려준다. 배제되고 싶지 않다면 '건들이면 안 되는 종류의 인간'이라고 생각하게끔 만들면 된다. 후버처럼 하라고 말하는 것은 아니다. 사람의 약점을 이용하라는 것이 아니라 결점을 찾았다면 조용하게 보완해주라는 이야기다.

여러 사람을 상대로 이렇게 하면 어느새 없으면 안 되는 인재가 된다. 이것도 조직에서 꼭 필요한 사람이 되는 방법임에 틀림없다.

터무니없이 사소한
편지는 힘이 있다

빈센트 반 고흐
Vincent van Gogh, 1853~1890

빈센트 반 고흐는 20세기 초의 야수파 화가들에게 큰 지표가 되는 화가다. 그의 작품은 네덜란드에 가장 많이 있는데, 40점 가까운 자화상 이외에도 '빈센트의 방' '별이 빛나는 밤' '밤의 카페' '삼(杉)나무와 별이 있는 길' 등이 유명하다.

지금은 온 세계에서 사랑을 받는 후기 인상파를 대표하는 화가로 평가되고 있지만, 살아서는 그의 열정적인 작품을 단 한 장도 팔지 못했다고 알려져 있다. 엄밀하게 말하자면 친척이 한 장 사준 것 외에도 몇 장의 드로잉은 팔렸다. 그가 위대한 화가라고 처음으로 세상 사람들에게 알려진 것은 안타깝게도 1903년의 유작

전 이후였다.

그렇다면 어떻게 그는 화가로 생계를 유지할 수 있었을까? 바로 평생 돌봐준 동생 테오 덕분이다. 제대로 된 직장을 구하지 못하고 팔리지도 않는 그림을 그리기만 하는 고흐는 부모에게도 경멸의 눈초리를 받았다. 이런 그를 동생 테오는 조건 없는 신뢰와 사랑으로 계속 지원해줬다.

고흐가 궁핍하게 살았다고 착각하는 사람도 많지만 실제는 테오에게 제대로 된 생활을 할 수 있을 정도로 충분한 돈을 받았다. 고흐의 청빈한 이미지는 청교도 특유의 검소한 행동에서 유래한 것으로 보인다.

고흐는 가장 사랑하는 동생 테오에게 편지를 쓰는 습관이 있었다. 이 편지는 1872년부터 1890년 사망하기까지, 무려 668통에 이른다. 형식은 편지이지만 내용은 자기 생각을 밝힌 일기나, 작품의 구상을 쓴 메모였다.

고흐는 그림을 그리기 전에 스케치로 먼저 구상하는 스타일이었다. 이 구상의 대부분이 테오에게 보낸 편지에 기록되어 있다. 그래서 편지에는 글자만이 아니라 그림의 구도를 설계한 스케치 등도 들어 있다. 또 자신의 인생에 대해서도 말했다.

'나의 최종 목표는 무엇일지, 너는 듣고 싶겠지. 러프가 스케치가 되고 스케치가 유화가 되듯, 처음에는 선명하지 않았던 생각도

구체화하면 목표가 더욱 명확해져 걸음이 느려도 이를 이룰 수 있지 않을까.'

성취에 대해서는 이렇게 말했다.

'위업은 한순간 이루어지는 것이 아니라 하나하나의 작은 것이 연결되어 성취된다. 무엇보다 제대로 된 의지가 없으면 안 된다. 결코 우연으로 이루어지는 것은 없다.'

한 걸음씩 걸어 나가는 것의 중요성을 강조했지만 고흐는 동생에게 종종 조급함도 내비쳤다.

'그림은 나의 자본이지만 세상은 아직 이 자본의 가치를 인정해주지 않는다.'

결국, 고흐는 살아생전에 테오에게 받은 은혜를 돌려주지 못했다. 하지만 조금이라도 보답하기 위해 자신이 그린 그림을 모두 동생에게 보냈다.

총기 자살로 최후를 맞이한 것에서도 알 수 있듯이 고흐는 정신적으로 불안정한 인물이었지만 사랑하는 동생에게 편지를 쓰면서 머릿속과 마음을 정리한 것으로 보인다.

캘리포니아 대학교의 매슈 리버먼 박사에 의하면 자기 생각을 쓰는 행위는 부정적인 감정의 통제에 매우 도움이 된다고 한다. 일기나 서툰 시, 노래 가사든 형식은 상관없다. 그리고 이 행위의 효과는 여성보다 남성에게 크게 작용한다.

여성은 자기 생각을 말하는 것에 익숙해 이 행위가 크게 신선하게 다가오지 않지만, 남성에게는 색다른 경험이기 때문이다. 고흐가 편지를 써서 마음을 안정시킬 수 있었던 것은 이와 같은 이유에서다.

왜 아침마다
같은 앨범을 들을까?

뤽 베송
Luc Besson, 1959~

뤽 베송은 〈그랑블루〉〈레옹〉〈제5원소〉〈니키타〉 등을 감독한 프랑스 출신의 영화감독이다. 특히 〈레옹〉은 주인공 마틸다 역에 캐스팅된 어린 시절의 나탈리 포트먼의 매력을 최고로 끌어낸 작품으로 아직도 세계적으로 팬들의 사랑을 받고 있다.

2017년에는 프랑스 영화 역대 최대 제작비(2,399억 원)를 투입한 〈발레리안: 천 개 행성의 도시〉를 감독했지만, 관객 동원은 부진했고 감동의 명성에도 흠이 갔다. 하지만 과거의 작품(특히 1988~1999년)만으로도 프랑스를 대표하는 최고의 영화감독이라고 불리기에 손색없다.

그는 바닷가 시골 마을에서 태어나 자랐다. 그곳에는 장난감조차 없어서 친구와 해변의 돌을 주워 우주선을 만들며 놀곤 했다. 이 추억은 그의 걸작 〈그랑블루〉에도 영향을 미쳤다.

그에게는 독특한 습관이 있다. 영화 제작을 시작하면 매일 아침 항상 같은 앨범을 듣는다는 것이다.

예를 들어 〈발레리안: 천 개 행성의 도시〉를 촬영할 때는 에이미 와인하우스의 최신 앨범 〈백 투 블랙(Back to Black)〉을 들었다고 한다. 〈더 레이디〉를 촬영할 때는 알앤비(R&B) 밴드 샤데이의 앨범을 반복해서 들었다.

베송은 매일 같은 앨범을 들으면 같은 템포로 같은 정보를 유지할 수 있게 된다고 말했다. '이것은 음악으로 어제를 기억하는 방법이다'라고도 했다.

매일 같은 음악을 들으며 자신의 페이스를 유지하는 습관은 NBA에서 '리바운드 천재'라고 불린 데니스 로드맨도 갖고 있다. 그는 체육관에서 웨이트 트레이닝을 할 때 늘 록밴드 펄 잼의 음악을 듣는다고 한다.

매일 아침 같은 음악을 듣는 것은 기분을 좋게 만들 뿐만 아니라 멘탈이나 생활 템포를 일정하게 유지시켜주는 효과가 있다.

자학적 유머가
갖는 놀라운 힘

알렉상드르 뒤마
Alexandre Dumas, 1802~1870

알렉상드르 뒤마는《삼총사》《몽테크리스토 백작》《브라질론 자작(철가면)》등의 모험 소설로 유명한 프랑스 작가다. 특히《삼총사》의 혈기 왕성한 주인공 달타냥과 삼총사 아토스, 포르토스, 아라미스는 지금도 인기 높은 캐릭터다. 몇 번이고 할리우드 영화와 일본 애니메이션으로 제작되기도 했다.

뒤마는 작품의 재미를 더하기 위해 리슐리외 공작처럼 실존 인물을 등장시키는 등 실제 일어난 사건을 바탕으로 대담하게 각색하기도 했다(역사서《삼국지》와 이야기인《삼국지연의》의 관계와 비슷하다).

고전 문학 중에서 뒤마만큼 예능성이 뛰어난 작품을 쓴 작가도

드물다. 뒤마의 소설은 발표 당시부터 커다란 인기를 얻었기에 그는 베스트셀러 작가로 성공했다.

하지만 평생 그를 힘들게 한 고민이 있었는데 바로 인종 차별이다. 뒤마의 아버지는 프랑스인 후작과 흑인 노예 여성 사이에서 태어난 물라토, 즉 흑인과 백인의 혼혈아였다. 따라서 뒤마도 독특한 풍모를 가졌는데, 당시 프랑스는 인종 차별이 심해 외모 탓에 상당히 힘들었다고 한다.

그는 자신을 힘들게 한 인종 차별을 자학적인 유머 안에 녹이는 습관을 익혔다. 그의 단편 소설 〈조르주〉에는 이와 같은 비꼼이 들어간다.

"내 아버지는 물라토였고 내 조부는 깜둥이였소. 내 증조부는 원숭이였지. 알겠소, 선생? 우리 가족은 당신네가 끝나는 곳에서 시작하였소."

자학적인 유머를 구사하여 상대를 비웃는 이 독특한 센스는 그가 차별을 받으면서 연마한 것이다.

자신을 웃음거리로 만들면 자기긍정감이 줄어들어 자아에 문제가 생길 것 같지만 연구에 의하면 꼭 그렇지만도 않다고 한다. 미국의 뉴멕시코 대학교에서 대학생들을 대상으로 '유머와 이성에 대한 매력'을 2년간 조사한 연구자는 대화의 유형을 다음 네 가지로 분류했다.

1. 유머가 없는 평범한 대화

2. 일반적인 농담

3. 타인의 잘못 등을 언급하는 농담

4. 자학적 유머

이성과 대화를 나눈 대학생들은 결과적으로 자학적인 유머를 한 사람이 가장 매력적이라고 대답했다. 특히 성적이 좋거나 부자인 사람이 자학적 센스를 발휘했을 때, 강한 매력을 느꼈다고 한다.

자학적인 유머를 사용하면 자신을 조롱하려는 상대의 목적을 무력화시킬 수 있다. 대상이 스스로를 비하했기 때문이다. 게다가 자신의 콤플렉스를 유머로 승화시킬 수 있다면 앞서 언급한 실험 결과대로 이성에게 매력적으로 느껴져 인기 있는 사람이 된다.

이것은 상대와의 거리를 빨리 좁히고 싶을 때 유효하기 때문에 조금 특이하기는 하지만 응용할 가치가 있는 습관이다.

커닝은 반드시
나쁜 것이기만 할까?

버락 오바마
Barack Obama, 1961~

미국의 44대 대통령 버락 오바마는 '검은 케네디'라고 불린다. 절대적인 인기를 자랑했던 35대 대통령 존 F. 케네디에 필적하는 연설의 천재라는 의미다.

미국은 대통령제를 시행하고 있어서 의원내각제를 선택한 국가에 비해서 대통령 후보의 능력과 캐릭터가 중요하다. 후보의 실력에 따라 선거에서 극적인 승리가 가능한 제도이기 때문이다.

오바마는 천재적인 연설로 미국에서 첫 흑인 대통령이 되었다. 그의 연설을 듣고 눈물을 흘린 사람도 있을 정도다. 오바마의 아내 미셸 역시 오바마에게 프러포즈 받고 한 번은 거절했는데 오바마가 연설하는 모습을 보고 반해서 결혼을 결심했다고 한다.

정말이지 사람의 마음을 움직이는 말재주다.

감동적이고 완벽한 오바마의 연설에는 의외로 간단한 비밀이 있다. 바로 프롬프터를 적극 사용하는 것이다. 프롬프터는 연설하는 사람에게만 원고를 자막으로 표시해주는 장치다. 오바마가 한창 연설하다가 조금씩 말을 우물쭈물하고, 테러 희생자에 관해 이야기할 때 가슴이 먹먹해져 침묵하는 돌발적인 움직임까지, 믿기 어렵지만 모두 프롬프터 원고에 쓰여 있는 연출이다.

하지만 대중은 오바마가 프롬프터를 사용하고 있는지 모른다. 오바마의 연기가 너무나도 자연스럽기 때문이다.

이 습관에서 알 수 있듯이 천재적인 재능도 트릭을 제대로 사용한다면 간단히 만들어낼 수 있다. 연설과 인연이 없는 우리도 이 습관은 응용할 수 있다. 전화로 이야기하는 것이 서툰 사람이라면 내용을 사전에 메모하여 읽으면서 통화하면 좋다. 이렇게 해도 상대방은 전혀 모른다. 커닝하는 것이지만 죄책감을 느낄 필요는 없다. 학교 시험이 아니기에 누구도 손해 볼 일이 없기 때문이다. 오바마의 경우에서도 알 수 있듯이 결과만 좋다면 방법은 상관없다.

여담이지만 프롬프터가 고장 났을 때 오바마의 연설은 끔찍했다고 한다. 기계를 이용할 때는 고장에도 대비해야 한다.

불리할 때는
의외의 한 수를 사용한다

하부 요시하루
羽生善治, 1970~

하부 요시하루는 일본이 자랑하는 천재 쇼기(일본식 장기) 기사다. 중학생 시절 프로 쇼기 기사가 된 후 7개의 타이틀을 모두 독점했다. 게다가 모든 타이틀에서 연속, 통산 최장 재위 기간을 이뤘고, 2017년에는 역사상 첫 영세(용왕전, 명인전, 왕위전, 왕좌전, 기왕전, 기성전, 왕장전의 7개 대회에서 5연속 타이틀 획득 혹은 일곱 번의 타이틀 획득 시 얻는 칭호) 7관왕을 달성했다.

그는 다음과 같은 말을 했다.

'인간에게는 두 부류가 있다고 생각한다. 불리한 상황을 기뻐하는 인간과 기뻐하지 않는 인간이다.'

보통의 인간이라면 지고 있는 게임에는 흥미를 잃게 되기 마련인데 그는 어떻게 지고 있는 상황에서도 기뻐할 수 있을까? 그에게는 불리한 국면에서도 포기하지 않고 상식적이지 않은 의외의 한 수로 상대를 혼란스럽게 만드는 습관이 있기 때문이다.

장기와 체스에서는 '이런 상황에서는 이런 수를 사용한다'라는 '정석'이 있다. 프로라고 하면 모든 정석이 머리에 담겨 있고 보통 그것을 조합하여 전략을 세운다. 그렇기 때문에 오히려 정석에서 완전히 벗어나는 수를 두면 상대는 동요할 수밖에 없다.

이것을 뒷받침하는 체스와 관련된 재미있는 연구가 있다.

체스에는 나타날 가능성이 희박한 말의 배치가 존재하는데, 이런 상황에서는 프로 체스선수도 일반인과 비슷한 반응을 보인다. 이것은 완전 미지의 상황에서는 프로도 일반 사람과 같은 판단력만 발휘할 수 있다는 것을 시사한다.

그런데 하부는 불리한 상황에서도 승리를 포기하지 않고 예측할 수 없는 수로 상대를 당황하게 만들어 게임을 즐겼다.

이와 같은 '의외의 한 수'로 불리한 상황을 개척한 사례를 비즈니스 세계에서도 발견할 수 있다.

2000년대 닌텐도는 게임 하드웨어 시장을 석권했지만, 3D CG의 시대가 되자 소니가 재빨리 시장에 뛰어들었고, 마이크로소프트까지 게임 사업에 의욕을 내 막다른 골목에 몰렸다.

'이제 닌텐도는 끝난 것인가'라는 비관적인 관측도 나왔지만, 닌텐도가 내세운 해결책은 의외였다.

소니의 플레이스테이션이나 마이크로소프트의 엑스박스에 대항하여 닌텐도가 시장에 내놓은 위(Wii)는 라이벌과 3D 그래픽을 겨루는 하드웨어가 아니었다. 대신 전혀 새로운 인터랙션을 탑재했다.

지금까지 게임기의 대부분은 컨트롤러를 양손으로 쥐고 게임 플레이를 했지만, 위는 사용자의 몸의 움직임을 이용할 수 있게 했다. 테니스 게임은 당연히 테니스를 플레이하는 것처럼 컨트롤러를 휘둘러야 한다.

3D 그래픽의 질은 라이벌의 기술과 비교할 수 없었지만, 이런 것은 문제가 되지 않았다. 위의 쾌조로 닌텐도는 순식간에 순위를 탈환했다.

이처럼 의외의 수가 도움이 되는 것은 승부의 세계에서만이 아니다.

비즈니스에서도, 일상생활에서도, 불리한 상황을 자각했다면 조금 창조적으로 생각하는 습관을 익힐 필요가 있다.

목표까지의 길은 하나가 아닐지도 모른다.

5장

공부가
습관이 될 때

매일 아침 15분을 투자한다

사티아 나델라
Satya Nadella, 1967~

마이크로소프트는 응용체제 시장에서 엄청난 성공을 거둔 기업이지만, 이후에는 인터넷과 스마트폰 보급, 클라우드의 등장에 제대로 적응하지 못하면서 더는 성장하지 못하고 쇠퇴해갔다.

이렇게 늙은 공룡과 같았던 마이크로소프트를 부활시킨 사람은 2014년에 새로 CEO에 취임한 사티아 나델라였다. 그의 취임 후 하락하던 주가는 크게 회복됐고 회사 브랜드 가치도 세계 3위로 올라섰다.

인도 출신인 그는 클라우드 전문가다. 마이크로소프트의 약점이었던 최신 기술에 정통했고, 전임 CEO와 달리 온화한 성격으로 알려져 사원과 적극적으로 커뮤니케이션을 했다. 그렇기에 데스크톱 시장 점유율에 안주하면서 인터넷은 구글에, 스마트폰은 애플에 뒤처지게 된 마이크로소프트를 기사회생시킬 수 있었다.

말할 것도 없이 마이크로소프트의 CEO는 무척 바쁜 직책이다. 나델라는 하루 온종일 많은 간부, 또는 정부 관계자와 회의해야 했다. 당연히 혼자만의 시간은 거의 없다.

그래서 그에게는 아침 출근 전 시간을 최대한 활용하는 습관이 생겼다. 나델라는 아침에 러닝머신으로 30분 정도 운동하면서 머릿속으로 일을 계획한다. 그리고 15분간은 온라인 강연을 시청하여 새로운 지식을 습득한다. IT 기업의 CEO는 최신 기술을 계속 공부해야 하기 때문이다.

우리는 종종 바빠서 시간이 없다고 말하지만, 아무리 바빠도 하루 15분 정도는 미래의 자신을 위해 투자할 수 있음을 나델라가 증명했다. 결국은 자신에게 이득이 돌아오기 때문에 하루의 아주 약간의 시간을 미래의 자신을 위해 사용하는 것은 좋은 습관이다.

Growth

명언이 주는 자극에
집중하는 이유

피터 디아만디스
Peter Diamandis, 1961~

피터 디아만디스는 실리콘밸리에서 15곳 이상의 기업을 설립했다. 가장 잘 알려진 기업은 1995년 레이 커즈와일과 공동으로 설립한 엑스프라이즈 재단이다. 이 재단은 독특한 구조를 가진 조직으로 범지구적인 난제 해결방법을 콘테스트로 모집한다.

난제는 구체적으로 말하면 오염된 바다 정화법, 달 여행을 위한 우주선 제작법, 자동차 에너지 효율을 높이는 방법 등 다양하다.

콘테스트는 매년 2~3회 개최되며 그때마다 전 세계에서 많은 팀이 참가한다. 현재의 기술로는 실현 불가능한 난제를 제시하기도 한다. 예를 들어 '신체를 한 번 스캔하는 것만으로 건강을 진단하는 휴대용 의료기기를 만들어보자' 등이다.

왜 이런 콘테스트를 개최할까? 바로 막대한 돈을 걸고 천재 엔지니어와 과학자들의 도전 정신을 자극하기 위해서다. 머릿속에 아무리 대단한 아이디어가 가득 차 있어도 돈이 없으면 실제 시험해볼 수 없다. 엑스프라이즈 재단은 아이디어를 발굴하기 위해 상금과 콘테스트를 준비한다.

신체를 한 번 스캔하기만 해도 건강을 진단할 수 있는 기기는 완성되지 않았지만, 그것을 가능하게 하는 많은 기술과 아이디어는 모았다. 또 '기름으로 오염된 바다 정화법'을 모집했을 때는 뛰어난 아이디어가 있어 실용화시켰다.

이 재단 설립 시의 기금은 30억 원 정도였지만 현재는 30조 원에 가깝다고 한다. 애플과 구글, 테슬라 등 많은 글로벌 기업이 막대한 투자를 했기 때문이다. SF를 현실화하는 듯한 아이디어로 세계를 바꾸려고 하는, 딱 실리콘밸리다운 재단이다.

설립자인 디아만디스는 많은 기업에서 올바른 의사결정을 내려야만 하는 위치에 있기 때문에 의사결정에 도움이 되는 명언을 벽에 붙여두고 매일 쳐다보는 습관이 있다.

위인의 말도 있지만 스스로 만들어낸 말도 있다.

• **달려야 할 때 걷지 마라.**

- 의심이 들 때는 생각하라.
- 빨리 행동하면 할수록 시간은 천천히 흐르고, 더 오래 살 수 있다.
- 이길 수 없다면 규칙을 바꿔라.
- 좋은 뉴스는 주목받지 못한다. 나쁜 뉴스가 팔린다. 우리 뇌는 항상 두려움의 대상을 찾고 있기 때문이다.

디아만디스가 직접 '만들어낸 명언'으로, 일상생활이나 비즈니스에 활용할 수 있는 지혜가 담겼다. 세상에 전해지는 명언에는 이처럼 깊은 지혜가 응축되어 있기 때문에 감명받은 명언이라면 벽에 붙여놓고 음미해보자.

작가의 일기는
일반인의 일기와 무엇이 다를까?

레프 톨스토이
Leo Tolstoy, 1828~1910

일기라고 하면 초등학생 시절 숙제가 떠오른다. 나도 여름방학에 매일 일기를 쓰는 숙제를 받아 마지못해 쓴 기억이 있다. 결국 대부분 여름방학 마지막 날에 한꺼번에 몰아서 썼다. 날씨를 대충 썼기 때문에 들킬지도 모른다고 걱정하면서….

《전쟁과 평화》《안나 카레니나》등으로 잘 알려진 러시아의 대문호, 레프 톨스토이는 19세부터 죽을 때까지 60년에 걸쳐 일기를 썼다. 초등학생처럼 재미없는 습관이라고 생각하는 독자도 있을지 모르지만 그에게는 일기를 쓰는 명확한 이유가 있었다. 자신의 일상을 기록하여 냉정하게 관찰하고 자기관리에 활용하기 위해서다. 특히 그의 일기에는 공부에 대한 기술이 많다. 무엇을 어떤 계획으로 공부했는지, 계획은 제대로 실천하고 있는지를 기록해 관리했다.

공부에 대해 이런 솔직한 기술도 있다.

'나는 자신에게 너무나도 많은 일을 부과했다. 모든 것을 한꺼번에 처리하려고 했지만, 힘이 부족하다.'

무리한 계획을 세운 그는 이 방법이 나빴다는 것을 일기에 기록하여 잘못을 반복하지 않도록 했다.

톨스토이는 2세 때 어머니를 잃고 9세 때는 아버지도 잃어 고아가 되어 학교에 다니지 못했지만 자력으로 러시아에서 최고의 문호가 됐다.

인터넷은 당연히 없고 책도 비쌌던 19세기 말에 독학은 말처럼 쉽지 않다. 힘든 환경에서 성공하기 위해서는 강한 의지와 자기 관리가 꼭 필요했는데, 톨스토이는 그것을 일기를 쓰는 습관으로 익혔다.

그의 일기에는 자신의 결심을 쓴 기술도 많다.

- 하고 싶다고 생각한 것은 반드시 실행한다
- 실천할 때는 열심히 한다
- 일은 한 번에 하나씩 한다

- 자신이 가진 지혜를 더욱 길러간다
- 책에서 얻은 지식은 다시 읽지 않아도 좋을 정도로 완전히
  자신의 것으로 만든다
- 타인의 의견에 좌우되지 않는다

톨스토이가 죽을 때까지 쓴 일기는 분량이 약 책 스무 권이나 된다. 일상의 기록에서 공부 계획과 실천, 종교와 철학에 대한 고찰, 젊었을 때의 욕망과 여성 관계, 그것에 대한 죄책감과 반성 등이 그대로 기록되어 있다. 일기를 쓰면서 작가로서 문체를 확립하기도 했다.

그렇다고 톨스토이가 계속 실천과 반성에 대해서만 쓴 것이냐고 하면 그렇지는 않다. 일기에는 다음과 같은 내용도 있다.

성욕에 대한 가장 좋은 태도는 참는 것이다. 다음으로 좋은 방법은 순결한 여성 한 명과만 관계를 맺고 아이를 낳아 함께 기르는 것이다. 다음은 욕망에 굴복하여 매춘하거나 많은 여성과 난잡한 관계를 맺거나, 여성과 관계를 맺은 후에 버리는 것이다. 더 나쁜 방법은 다른 사람의 아내와 관계를 맺는 것이다. 최악의 방법은 부정한 여성과 함께 살아가는 것이다.

문호치고는 유치한 내용이다. 논리적이지도 않은데 이것은 톨스토이가 초기 그리스도교의 가르침을 동경하여 금욕 생활에 관심이 있던 시기에 쓴 것이다. 하지만 이것이야말로 일기의 본질을 잘 나타내준다고 생각한다.

일기에는 정해진 형식이 없고, 실제 사례로 알 수 있듯이 내용이 유치해도 상관없다. 오늘 무엇을 했는지 기록하는 것도 좋고, 내일 무엇을 할지 계획을 써도 좋다. 자신의 고민을 토로해도, 미래의 꿈에 관해 적는 것도 상관없다. 일기장, 수첩에 쓰거나 비공개 트위터 계정(보완은 신경 써서!)에 털어놔도 좋다.

일기가 다양한 능력 향상에 도움이 된다는 것은 여기서 더 말할 필요도 없이 과학적으로 증명됐기 때문에 형식에 신경 쓰지 말고 우선 써보기 바란다. 문호의 일기 내용도 유치할 수 있는데 아무것도 부끄러워할 필요가 없다.

Growth

자극을 주는 친구를
곁에 두는 이유

쿠르트 괴델
Kurt Gödel, 1906~1978

수학에 관심이 없는 사람이라도 '불완전성 정리'라는 말은 들어보 았을 것이다. 왠지 모르게 불안을 느끼게 하는 말이지만 수리 체 계가 확실한 것이라고 믿고 싶은 수학자들에게는 더 심각한 의미 가 있다.

불완전성 정리는 어떤 숫자의 논리체계도 완전한 진리라고 증 명할 수 없음을 증명한 것이기 때문이다. 당시 수학계에서 가장 강한 영향력을 가진 학자는 다비트 힐베르트였다. 그의 비장한 목 표는 수학 전체의 완전성과 무모순성을 증명하는 것이었다. 힐베 르트는 목표를 달성하기 위해 '힐베르트 프로젝트'를 추진하여 전 세계 수학자의 참여를 북돋웠다. 1930년, 68세의 그는 퇴임 연설에서 자신이 언젠가는 반드시 그 꿈을 이룰 것이라고 많은 수학자 앞에서 단언했다.

"우리는 알아야만 한다. 우리는 알 수 있다!"

하지만 1년 후 쿠르트 괴델이라는 25세의 젊은 수학자가 다음과 같은 사실을 증명해냈다.

1. 어떤 논리체계라도 그 속에는 진실이 맞는지 알 수 없는 명제가 존재한다
2. 만약 모든 명제의 진위가 밝혀진다면 그 논리체계는 파괴된다

이것은 수학계에 커다란 충격을 주었다. 명확한 진리가 있다고 생각하던 수학 세계에도 진리인지 아닌지 판단할 수 없는 것이 항상 존재하고, 진위가 판명된다면 어떤 논리체계라도 무너져 버림을 괴델이 증명한 것이다. 괴델은 빈 대학교에서 교수로 있다가 나치를 피해 미국으로 이주한 뒤 프린스턴 고등연구소의 연구원이 됐다. 성격이 괴팍하다고 알려졌지만 이곳에서 동료인 알베르트 아인슈타인과 친해졌다.

당시 아인슈타인은 60대였고, 연구 활동도 저조한 시기였다. 이런 그에게 젊은 괴델의 존재는 자극이 되었고 둘은 가족처럼 친밀

해져 물리학, 수학, 철학 등 많은 분야에 대해서 토론하는 것이 습관이 됐다.

아인슈타인은 "나는 퇴근할 때 괴델과 산책하기 위해 출근한다"라고 할 정도였다. 이 습관은 괴델에게도 자극을 주어 1949년에는 아인슈타인의 '일반 상대성이론'에 대한 '괴델 해설'을 발표했다.

천재라고 하면 고독한 인상이 있지만, 그것은 자신의 지적 수준과 맞는 사람이 주변에 없어서인지도 모른다. 괴델도 자신에게 영감을 주는 사람과는 간단히 친구가 됐기 때문에 일부러 고독해지려는 사람은 존재하지 않을 것이다.

천재라고 해도 사람에게 받는 영감을 발상의 원천으로 삼기 때문에 평범한 우리가 혼자서 이룰 수 있는 것은 정말 뻔하다. 아인슈타인 정도가 아니더라도 자신에게 자극을 주는 친구는 인생에 꼭 필요하다.

※ 불완전성 정리에 대해서 알기 쉽게 설명하기 위해 '논리체계'라고 썼지만, 정확하게는 '공리체계'다. 수학적으로 정확한 정의에 대해서는 전문 서적을 참고하기 바란다.

문제는
나눠서 해결한다

잉베이 말름스틴
Yngwie Johan Malmsteen, 1963~

대중음악 세계에는 천재가 많은데, 그중에서도 잉베이 말름스틴은 기타 역사를 바꿨다고 불릴 정도로 영향력이 강한 천재 기타리스트다. 말름스틴이 처음 등장했을 때, 클래식과 헤비메탈이 융합된 새로운 스타일에 많은 사람이 열광했다.

그는 지금까지 누구도 본 적 없던 굉장히 빠른 테크니컬한 연주를 특징으로 갖고 있다. 딥 퍼플의 기타리스트로 유명한 리치 블랙모어는 말름스틴의 앨범을 듣고 "실제로 연주한 것이 아니라 앨범을 빨리 감기 했다고 생각했다"라고 말했을 정도다.

물론 말름스틴이 성공한 것은 단지 빠르게 연주했기 때문만은 아니다. 클래식의 영향을 받은 우수한 작곡 능력도 큰 도움이 됐다. 어린 시절부터 클래식을 접하고 바이올린 연주자이자 작곡가인 니콜로 파가니니 등을 좋아한 그는 록음악과 일렉트릭 기타에도 심취했다.

생일에 선물로 받은 일렉트릭 기타로 여러 곡을 연습한 그는 언젠가는 파가니니처럼 멋진 음악을 일렉트릭 기타로 연주할 수 있게 되기를 꿈꿨다.

말름스틴은 클래식 세계에서는 테크닉이 없으면 제대로 연주할 수 없음을 알았다. 록 세계에서는 테크닉을 갈고닦지 않아도 성공한 밴드가 있지만, 그가 추구하는 음악은 그런 것이 아니었다.

그는 특히 클래식의 빠른 곡을 기타로 연주할 수 있도록 손가락에서 피가 날 정도로 계속 연습했다. 몇 년간의 훈련으로 그는 아무리 빠른 곡이라도 연주할 수 있는 능력을 얻었다. 그리고 록 세계에 혜성처럼 등장했다.

그 후 록음악에 커다란 영향을 줬는데 특히 록음악의 수준을 높인 공헌은 더 주목받아야 한다. 말름스틴의 등장 후, 록밴드의 기타 연주자에게 요구하는 레벨이 한층 높아졌다. 코드 3개만 치면서 적당히 연주하는 밴드는 이제 대중을 만족시킬 수 없게 됐다.

말름스틴은 빠른 곡은 오른쪽 손과 왼쪽 손을 나눠 연습하는 습관이 있었다. 양손으로 각각 연습한 뒤에 나중에 함께 연주하는 것이다.

피아노 같은 악기는 왼쪽 손과 오른쪽 손으로 각각 연습하는 게 자연스럽지만, 기타는 왼쪽 손으로 줄을 눌러 음정을 결정하고 오른손으로는 줄을 튕겨 소리를 낸다. 그래서 왼손으로 연습할 때는 음이 나오지 않고, 오른손으로 연습할 때는 항상 같은 음이 나오게 된다. 그래도 그는 빠른 연주를 해내기 위해 오른손과 왼손 각각의 작업을 분할해 단순화시켰다.

이처럼 어려운 일을 간단한 일로 나누는 것을 '나눠서 정복한다(divide and conquer)'라고 하여 과학이나 엔지니어 분야에서 많이 사용되는 기법이다(divide and conquer는 보통 '분할 통치법'이라고 번역되는데 실은 '나눠서 정복'에 가깝다).

이를 학습 습관으로 활용해보면 어떨까? 예를 들어 영화를 보면서 영어 듣기 훈련을 할 때 아무리 반복해도 들리지 않는 말이 있다. 이럴 때는 처음 들을 때는 모음만, 두 번째 들을 때는 자음에만 집중하여 '나눠서 정복한다' 기법을 활용할 수 있다.

이과가 문과 지식을 접하면
일어나는 일

비탈리크 부테린
Vitalik Buterin, 1994~

컴퓨터와 인터넷의 발명은 IT 기술 역사상 가장 중요한 사건이다. 그렇다면 그다음은 무엇일까? 많은 전문가는 가상화폐(더 정확하게 말하자면 그것에 사용되는 블록체인 기술)라고 예상한다.

최근 10년을 무인도에서 보낸 사람이 아니라면 비트코인이나 가상화폐에 대해서 들어봤을 것이다. 지금은 이 기술을 실험하는 단계에 지나지 않지만 후에는 가상화폐의 기반이 되는 기술, 즉 블록체인이 경제 시스템의 많은 부분을 대체할 것으로 예상한다.

예를 들어 지금은 은행의 예금 정보가 하드디스크에 보존되어 있는데 이것이 파괴되거나 해킹당하면 예금 기록이 전부 사라져

버릴 수도 있다. 그래서 은행은 매일 주의 깊게 데이터를 백업하고 관리한다. 이처럼 중앙 집권형으로 데이터를 관리하는 시스템은 중대한 사고가 발생하면 끝이다.

블록체인 기술은 이 데이터를 간단하게 말하면 세계 곳곳의 컴퓨터에 보존하는 것이다. 이 데이터는 누군가가 위조할 수도, 파괴할 수도 없기에 은행 기능을 더욱 안전하게 수행할 수 있게 된다.

비트코인은 '나카모토 사토시'라는 익명의 인물이 만든 블록체인 기술을 테스트하기 위해 만든 가상화폐 시스템이다. 그 후 비트코인의 단점을 개선한 여러 가상화폐가 등장했는데, 가장 유명한 것이 '이더리움'이다. 비트코인은 단순히 돈을 전송하기 위한 것이었지만 이더리움은 '튜닝 컴플리트(Turing Complete)' 시스템이다.

이것이 의미하는 바는 이더리움에서는 컴퓨터가 처리할 수 있는 모든 작업을 시뮬레이션할 수 있다는 것이다. 그래서 차세대 가상화폐는 대부분 이더리움을 참고하여 만들고 있다.

비트코인과 달리 이더리움을 만든 사람은 자신의 정체를 숨기지 않았다. 바로 비탈리크 부테린이 이더리움이라는 가상화폐를 만든 천재 프로그래머다. 그는 열아홉의 나이에 이더리움을 발표했다. 이 업적으로 2014년에 '기술 분야의 노벨상'이라고 불리는 '월드 테크놀로지 어워드'를 수상했다.

다른 후보로 그 유명한 페이스북의 CEO, 마크 저커버그도 있었지만 부테린의 업적이 더 중요하다고 평가받았다. 전 세계의 사람이 사용하는 SNS(소셜 네트워킹 서비스)를 만든 것도 대단하지만, 가상화폐의 미래를 연 부테린의 공헌이 훨씬 크다.

부테린은 1994년에 러시아에서 태어나, 5년 후 캐나다로 이주했다. 초등학생 시절부터 수학과 프로그래밍, 경제학에 관심을 가졌다. 게임을 만들고 싶어서 프로그래밍을 공부한 그는 열 살 때 온라인 게임을 완성시켰다.

그 후 가상화폐에 관심을 가졌다. 열일곱 살 때는 비트코인 개발자로 일하다가 가상화폐에는 기존의 많은 경제 시스템을 대체할 무한의 가능성이 있음을 알게 되었다. 하지만 비트코인만으로는 충분하지 않았다. 비트코인은 처음부터 돈을 송금하는 기능으로만 한정시켰기 때문이다.

그래서 그는 송금 이외의 많은 기능을 가진 새로운 시스템을 만들기로 했고 그 결과 탄생한 것이 이더리움이다. 이더리움의 성공으로 부테린은 한순간에 전 세계가 주목하는 젊은 천재가 됐다.

당연히 가상화폐 시장에서 이더리움의 가치도 높아졌다. 현재 부테린이 소유한 가상화폐의 가치는 이더리움을 포함하여 약 4조 원 이상이라고 추정한다.

이런 부테린에게도 특별한 습관이 있다. 본업은 이과 쪽이지만, 틈틈이 문과 쪽 일이나 공부를 한다는 것이다. 예를 들어 그는 취미로 외국어를 공부해 영어, 러시아어, 프랑스어, 독일어, 중국어, 고대 그리스어, 라틴어를 할 수 있다.

그는 모국어인 영어와 러시아어 외의 언어를 공부하기 위해 영화를 볼 때는 일부러 프랑스어나 독일어 버전을 선택한다고 한다.

부테린이 취미를 통해 얻은 문과 지식은 그가 거둔 성공에 상당히 공헌했다고 생각한다. 가상화폐와 블록체인은 사회 시스템의 많은 부분을 대체하는 기술이라서 경제학 등에 대한 통찰이 필요하기 때문이다.

그의 두뇌와 업적은 특별하지만 습관은 일반인인 우리도 도전해볼 수 있다. 연구에 의하면 뇌는 같은 종류의 자극을 계속 받으면 머지않아 그에 대한 반응이 둔해진다고 한다. 그래서 오랜 시간 같은 일이나 작업을 하면 두뇌가 피로해지는 것이 당연하다. 뇌에는 여러 종류의 자극이 필요하기 때문이다.

자기 일이 이과 쪽 연구직이라면 한가할 때는 문학이나 사회학을 접하면 신선한 자극을 얻을 수 있다. 반대로, 문과 쪽의 기획이나 영업 일을 하고 있다면 컴퓨터 관련 책을 읽어보는 것도 좋다.

평소 자신의 분야와 전혀 다른 지식을 접하면 두뇌가 신선해질 것이다.

왜 그가 추천한 책은
베스트셀러가 될까?

빌 게이츠
Bill Gates, 1955~

경제지 〈포브스〉에 의하면 마이크로소프트 창업자인 빌 게이츠의 재산은 약 127조 원에 이른다고 한다. 컴퓨터 초창기에 운영체제 시장을 제패하여 세계 제일의 부자가 된 그는 이제는 IT 비즈니스에서 은퇴하고 아내의 영향을 받아 자선사업에 전력투구하고 있다.

세계 제일의 천재이면서 억만장자인 사람의 일과는 어떨까, 그의 습관과 일상을 살펴보자.

게이츠는 기상하면 자신의 체육관에서 1시간 정도 러닝머신 등을 사용하여 유산소운동으로 몸을 푼다. 그 후 신문을 훑어보면서 하루를 준비한다.

그가 구독하는 신문은 〈뉴욕 타임스〉 〈월스트리트 저널〉 〈이코노미스트〉 이 세 가지다. 아내는 게이츠가 아침식사를 하지 않는 적도 많지만 먹고 싶을 때는 좋아하는 초콜릿 시리얼을 즐긴다고 한다.

그다음 자신이 경영하는 자선사업 일을 위해 출근한다. 마이크로소프트 경영에서는 물러났지만, 자선사업도 놀면서 해도 되는 건 아니다. 지금도 게이츠의 스케줄은 5분 단위로 계획되어 있을 정도로 늘 바쁘다.

그는 일할 때 항상 메모를 한다. 계획이나 아이디어를 적어두기 위해서다. 이것은 오래된 습관으로 현역 프로그래머였을 때도 소프트웨어 구조를 노트에 쓴 뒤 프로그래밍을 시작했다.

점심에는 좋아하는 치즈버거를 먹는다. 맥도날드의 빅맥을 먹는 경우도 많다. 세계 제일의 부자치고는 상당히 소박한 식사이지만, 게이츠는 젊었을 때부터 음식에 집착하지 않았다.

이후는 오로지 일만 한다. 세계적으로 자선사업을 하고 있기에 비행기로 이동해야 할 때도 많다. 분주하게 옮겨다녀서 쓸데없이 식사에 사용하는 시간은 더 적어졌다.

하지만 아무리 바빠도 독서 시간만은 꼭 확보한다.

젊은 시절부터 상당한 애서가였던 게이츠는 개인용 도서관까지 있다. 그곳에는 레오나르도 다빈치가 쓴 노트 등 세계에 단 한 권 밖에 없는 책도 있다.

게이츠는 마이크로소프트를 경영했을 때도 자주 독서를 하기 위해 휴가를 갔다. 여행을 즐기는 성격이 아니라 완전히 독서에 시간을 할애하기 위한 휴식이다. 때로는 외부 연락을 차단하고 독서를 위해 산장에 일주일이나 머물렀다.

그는 블로그에 자신이 읽은 책의 감상을 쓰는 습관이 있다. 게이츠가 높이 평가한 책은 단숨에 판매량이 증가하기 때문에 매우 영향력 있는 독서 블로거이기도 하다.

수면은 7시간은 자려고 한다.

주말이면 브리지(카드놀이)를 즐긴다. 젊은 시절에는 친구와 포커로 밤을 새웠지만, 지금은 그 정도로 많은 시간은 쓰지 않는다. 그래도 나이를 먹은 지금까지 카드놀이는 게이츠에게 중요한 오락이다.

카드놀이는 예전부터 그의 왕성한 투쟁심을 해소시키는 역할을 맡고 있다. 예전에는 친구와 자동차로 누가 먼저 목적지에 도착할지 내기하는 등 위험한 경쟁을 좋아했지만, 이제 나이를 먹어서인지 난폭한 기질은 상당히 개선되었다고 한다.

여기까지 게이츠의 일과와 습관을 자세히 소개했는데, 이 중 그의 성공에 가장 공헌한 습관을 선정하라고 하면 역시 독서다.

게이츠의 라이벌 중에는 기술적인 면에서 그보다 우수한 인물은 많지만, 게이츠 정도로 경영 전략에 밝은 사람은 없었다. 게이츠가 세계 제일의 부자가 된 것은 컴퓨터 운영체제 시장을 제패했기 때문인데, 그가 이 비즈니스에 진출했을 때 시장을 지배했던 인물은 전형적인 이공계인인 게리 킬달이었다.

"내가 만든 프로그램은 너무나도 아름답다. 액자에 넣어서 벽에 걸어두고 싶을 정도다."

게리 킬달은 이런 발언을 하기도 했다.

반면 게이츠는 엄청난 독서를 통해 문과 지식을 많이 익혔다. 다양한 비즈니스 책을 독파하고 신문이나 잡지도 좋아했기 때문에 최근 트렌드도 잘 알았다.

라이벌이 자기 전문 분야에만 밝은 사람들이었기에 비즈니스와 트렌드를 알고 있는 게이츠가 이기는 것은 당연한 일이었다.

그의 성공 과정만 봐도 알 수 있듯이 독서는 자신이 있는 세계와는 전혀 다른 풍경을 보여주고 시야를 넓힌다.

언어 달인의
5가지 전략 공부법

롬브 커토
Lomb Kató, 1909~2003

롬브 커토는 역사상 가장 유명한 번역가 중 한 명이다. 여러 언어를 다루는 사람을 '폴리그랏(polyglot)'이라고 하는데, 그녀는 16개 국어에 정통했다고 한다. 헝가리 출신으로 모국어인 헝가리어에 영어, 프랑스어, 러시아어, 독일어 5개 국어는 네이티브 수준으로 사용했다. 다음 레벨이 일본어, 중국어, 스페인어, 이탈리아어, 폴란드어인데 잡지를 읽거나 번역할 수 있는 정도다. 그녀는 최초의 동시 통역가 중 한 명으로 전 세계를 돌아다니며 활약했다.

언어학자들은 커토가 전 세계 폴리그랏 중에서도 최고 수준이라고 말한다. 일반인은 아무리 노력해도 3개 국어가 한계이기 때문에, 16개 국어는 차원이 다른 능력이다. 게다가 믿기 어렵겠지만 그녀가 외국어를 배우기 시작한 것은 20대 중반 무렵으로 대학 전공은 화학과 물리학이었다.

그녀가 언어의 달인이 될 수 있었던 것은 올바른 공부 습관을 실천했기 때문이다. 커토가 저서에서 자세하게 밝혔기 때문에 일부를 요약하여 전달한다.

- 매일 외국어로 사고하는데 10분은 외국어로 말을 한다, 특히 아침이 효율적
- 학습 의욕이 없을 때는 너무 무리하지 않지만 그렇다고 해도 완전히 그만두지는 않는다
- 의욕이 없을 때는 공부 방법을 바꿔본다(독해 대신에 라디오를 듣는 등)
- 공부한 것을 일상에서 활용해보는데 예를 들어 거리의 간판이나 광고를 해석해본다
- 문법으로 공부하지 않고 언어에서 문법의 규칙성을 발견해본다

이것이 불가능을 가능으로 바꾼 그녀의 공부법이다. 극히 기본적인 내용으로 외국어 이외의 일반적인 공부에도 응용할 수 있다.

공부는
이론과 실천을 함께한다

브루스 리
Bruce Lee, 1940~1973

브루스 리는 홍콩 출신의 영화배우로 〈맹룡과강〉〈사망유희〉 등
의 대표작으로 알려졌는데, '절도권'을 창시한 무도가로서의 얼굴
도 가지고 있다. 32세의 젊은 나이에 사망하여 할리우드에서는 지
금도 전설적인 존재다. 그의 트레이드마크인 노란색 옷은 쿠엔틴
타란티노 감독의 〈킬 빌〉에서 주인공이 브루스 리에 대한 존경의
의미로 착용했다.

왜 리가 이렇게나 문화적 아이콘이 됐는가 하면 그가 동양의 무
술을 서양에 널리 퍼뜨린 최초의 배우이기 때문이다. 영화 작품
자체는 당시 수준으로 봐도 그렇게 우수하지 않았지만 세계의 남

성들은 처음 본 동양 무술에 열광했다. 연기를 위해 무술을 배운 영화배우는 많지만 그는 반대로 무술을 전파하기 위한 수단으로 영화를 사용했다.

〈용쟁호투〉 때는 리얼한 연기를 위해 싸움에 자신 있는 불량배를 모아 그들을 실력으로 압도시킨 뒤 촬영을 했다고 한다.

그의 움직임을 촬영한 필름을 보면 육안으로는 파악하기 힘들 정도의 속도를 보인다. 리의 킥 연습 상대였던 인물은 그의 킥 위력이 너무 강해 패드 너머의 일격으로도 마치 차에 치인 듯한 충격을 받았다고 한다. 리가 할리우드에 무술을 전파할 수 있었던 것은 무술에 깊은 이해가 있었기 때문이다.

출연작 자체는 수수했지만 무술은 진짜였다. 게다가 리는 무술 실력을 더 한층 키웠을 뿐만 아니라 이론 연구도 동시에 진행하는 습관을 가졌다.

'어떻게 하면 실전에서 상대를 빨리 제압할 수 있을까?'

'상대에게 맞아도 피해를 최소한으로 하기 위해서는 신체의 어떤 부위를 단련해야 할까?'

이와 같은 질문에 답을 얻기 위해서 많은 책을 읽고 공부했다.

그의 집에는 2개의 방이 있는데 하나는 운동을 위한 방이다. 여기서는 웨이트 트레이닝 등으로 몸을 단련했다. 다른 방은 이론을 공부하기 위한 곳으로 여기에서는 어떻게 하면 웨이트 트레이닝을 무술에 응용할 수 있을까, 영양 섭취는 어떻게 하면 좋을까를 체계적으로 파악하기 위해 밤낮으로 책을 읽으며 공부했다.

또 워싱턴 대학교 철학과 출신답게 무술에서 철학적인 의미까지 찾으려고 했다.

- 아는 것만으로는 충분하지 않다. 실제로 응용해야만 한다. 의지만으로는 충분하지 않다. 실행해야만 한다.
- 성공하는 자는 레이저 같은 집중력을 익힌 매우 평범한 인간이다. 두려움은 불확실성에서 온다. 이 두려움은 자기 자신을 잘 알면 없앨 수 있다.
- 행복할 것. 하지만 절대 만족하지 말 것.

그는 이렇게 영화배우가 했다고는 생각할 수 없는 명언을 남기기도 했다.

리가 단순히 몸을 잘 쓰는 액션 배우가 아니라 서양에 육체와 정신의 단련 방법으로 무술을 전파할 수 있었던 것도 이와 같이 신체 단련과 무술 이론 연구를 동시에 추구했기 때문이다. 무언가 일생을 통해 이루고 싶은 것이 있는 독자라면 가슴에 새기길 바라는 습관이다.

부자들은 왜
영어 공부를 할까?

리자청
李嘉誠, 1928~

홍콩의 기업가 리자청은 아시아 최고의 부자다. 그는 2013년에 세계 부호 랭킹에서 8위를 기록한 이래 매년 비슷한 순위를 차지하고 있다. 리자청은 중화권에서 부를 이뤘지만, 최근에는 중국 자산을 매각하고 미국으로 재산을 옮기고 있다. 직접 말하지는 않았지만 이것은 중국의 쇠퇴를 예견했기 때문이라고 생각할 수 있다. 이 움직임에 중국 정부는 불쾌감을 드러냈다.

리자청은 1928년에 태어났지만, 지금도 매일 업무를 마친 뒤에 영어 공부를 하는 습관이 있다. 녹화한 TV 방송을 보면서 영어 자막을 큰 목소리로 읽는 착실한 노력 덕분에 그는 상대가 혀를 내

두를 정도의 영어 실력을 익혔다고 한다.

　사회인은 동감하겠지만, 성인이 된 뒤에 외국어를 익히는 것은 정말 어렵다. 홍콩은 영국의 식민지였던 영향으로 영어가 공용어이지만, 진짜 영어 실력을 갖추는 사람은 그리 많지 않다. 리자청도 영어를 사용하며 자라지는 않았기 때문에 성인이 된 뒤에 영어를 공부했다. 영어가 모국어가 아니어도 포기하지 않고 계속 노력했기에 국제화 사회에서 정보를 얻고 커뮤니케이션을 하는 데에도 많은 도움을 받았다.

　흥미로운 현상으로 인터넷이 보급되고 영어로 말할 수 있는 사람이 증가하면서 양질의 정보가 영어에 집중되는 경향이 심해지고 있다는 것이다. 1980~1990년대는 '과학 기술 분야에서는 독일어도 포기할 수 없다'라는 주장이 있었지만, 21세기가 되자 이런 말을 하는 사람을 본 적이 없다.

　여러분도 '우리나라에서 살기 힘든 것도 아니고, 나이도 먹었으니 외국어는…' 하고 생각하지 말고 리자청처럼 조금씩이라도 공부해보기 바란다. 꾸준히 하면 이해할 수 있는 것이 늘어나 재미있고 모국어로는 검색할 수 없는 자료를 활용할 수 있게 될 것이다.

한번 읽은 책을
버리는 습관

나폴레옹 보나파르트
Napoléon Bonaparte, 1769~1821

나폴레옹 보나파르트는 혁명기의 프랑스에 혜성처럼 나타나 뛰어난 전략과 전술로 차례차례 전쟁에서 승리하여 한때는 유럽의 대부분을 지배했던 인물이다. 그는 소수의 병력으로 다수의(때로는 몇 배의) 적과 싸워 여러 차례 승리하기도 했다.

설령 소수의 병력일지라도 기동력 있게 운용하여 적의 약한 부분을 공격하면 국지전에서 이길 수 있다. 그러면 적은 약한 부분부터 차례차례 무너져 결국에는 완전히 패배하게 된다. 이와 같은 나폴레옹의 전략을 다른 나라의 장군들이 알아내어 활용하기까지에는 오랜 시간이 걸렸다. 그리고 알아냈을 때는 이미 유럽의 대부분이 나폴레옹의 손안에 있었다.

나폴레옹의 우수한 용병술은 막대한 양의 독서를 통해 길러졌다. 그의 독서 사랑은 도가 지나쳐 원정을 나갈 때도 마차에 많은 책을 실어 갈 정도였다. 장기전이 예상되면 더욱 많은 책을 가지고 갔다. 4주간 이집트 원정을 갔을 때는 1,000권 이상의 책을 준비했다고 하니 놀라울 정도다.

이처럼 전쟁에서 무기나 물자뿐만 아니라 '이동도서관'을 가지고 다닌 습관은 나폴레옹이 권좌에서 쫓겨나 귀양 갈 때까지 계속되었다.

나아가 나폴레옹은 시간과 장소를 가리지 않고 책을 읽었다. 물론 막사에서도 읽었지만 행군할 때는 말 위에서도 책을 읽었다고 한다. 참고로 그는 책을 다 읽으면 그 자리에 버리는 이상한 습관도 가졌다.

그렇다면 그는 어떤 책을 읽었을까? 주로 포격의 원리, 스파르타의 전술, 이집트 역사, 영국 역사, 기상학, 천문학과 관련된 서적이나,《군주론》을 애독했다고 한다. 장르는 다양하지만 모든 것이 넓은 의미에서 군사(그의 일)와 관련된 지식 획득이 목적이었음을 알 수 있다.

나폴레옹은 독서에 영향을 받고 도움을 받아온 인생을 살았다. 위대한 군인이 되려고 결심한 계기는 어린 시절에《플루타르코스 영웅전》을 읽었기 때문이다. 그는 알렉산더 대왕, 율리우스 카이사르, 한니발과 같은 영웅을 롤모델로 삼았다.

또 소위로 임관한 뒤에는 동서고금의 전략, 전술책을 섭렵했다. 그가 세계 최고의 병법서 《손자》를 읽었다고 추측하는 사람도 많다. 나폴레옹의 전술과 《손자》의 병법에 공통점이 많기 때문이다.

나폴레옹은 유럽 전역에서 전쟁을 일으키고 황제의 자리에 올라 후세에 비판을 받지만, 한편으로는 누구도 부정할 수 없는 업적을 남기기도 했다. 바로 '나폴레옹 법전'을 공포한 것이다.

이것은 민주주의 체제의 기반이 되는 '소유권' '계약의 자유 원칙' '과실 책임주의' 등을 정의한 최초의 근대적인 법체계다. 오늘날의 우리가 말하는 '법치주의'는 이 나폴레옹 법전이 만들어낸 것이다.

이와 같은 업적도 독서 습관 없이는 이룰 수 없다. 독서가 천재를 낳고, 천재가 역사를 바꿨다.

천재가 아닌 사람은 역사를 바꿀 수는 없을지 모르지만, 자신의 인생 정도는 독서로 바꿀 수 있다.

컨디션 유지를 위해서는 무엇이든 한다

머라이어 캐리
Mariah Carey, 1970~

머라이어 캐리는 1990년대부터 2000년대에 걸쳐 팝 음악을 이끈 그야말로 디바라고 할 수 있다. 열여덟 곡이 전미 1위 싱글이 됐는데, 여성 가수로서는 최고의 기록이다(솔로 가수로서는 엘비스 프레슬리 다음). 머라이어 캐리는 자기관리에 엄격해 식사할 때는 항상 케이퍼와 함께 노르웨이산 연어를 먹고 일주일에 3~4일은 수영장에서 수중 운동을 한다고 한다.

그녀의 가장 기묘한 습관은 침대 주변에 20대 이상의 가습기를 두고 때로는 하루의 반을 자는 것이다. 콘서트 전에는 이렇게 습도를 유지해 목 상태를 관리하고 컨디션을 위해 15시간이나 잤다.

이상한 습관처럼 보여도 가수에게 목은 생명으로 콘서트 직전에 목이 아프기라도 하면 모든 준비가 수포로 돌아가기 때문에 꼭 지킨다고 한다.

이 습관은 가수라는 특별한 직업인을 위한 것이라서 일반인이 따라 할 필요는 없지만, 타협 없는 자기관리라는 관점은 참고할 가치가 있다. 컨디션이 좋지 않으면 일을 못하는 것은 가수뿐만이 아니기 때문이다.

특히 평소 건강상 좋지 않은 부분이 있었다면, 그것을 집중적으로 관리해야 한다. 예를 들어 겨울철 감기에 자주 걸리는 사람은 몸이 차가워지지 않도록 여러 습관을 지키고, 술을 마시면 컨디션이 나빠지는 사람은 술자리에서 술을 마시지 않을 방법을 생각해두어야 한다.

래퍼 에미넴은 조금이라도 밝으면 잠을 못 자 잠자리에 들 때는 반드시 은색 종이포일로 창문을 가리고 커튼을 친다고 한다.

컨디션을 유지하기 위해서라면 모양새를 따질 필요가 없다. 방법이 아무리 이상하게 보여도 자신에게 도움이 된다면 적극적으로 실천해보자.

자신의 일상을
녹화할 때 일어나는 변화

히스 레저
Heath Ledger, 1979~2008

히스 레저는 〈다크나이트〉 〈브로크백 마운틴〉 등의 대표작으로 알려진 영화배우다. 특히 배트맨이 주인공인 〈다크나이트〉에서는 광기 충만한 악당인 조커로 천재적인 연기를 선보여 아카데미 남우조연상을 받았다.

　그에게는 자신의 일상을 핸디 카메라로 촬영해보는 습관이 있었다. 화면 속 자신이 어떻게 보이는지 확인하면서 연기를 수정하기 위해서였다. 레저에게 있어서 연기는 단순한 일이 아니라 인생 그 자체였다. 배역을 자신에게 투영하는 이른바 '빙의형 배우'로 캐릭터와 일체된 연기를 관객에게 보여주었다. 하지만 그 열정과는 반대로 정신적으로는 강한 편이 아니라 〈다크나이트〉 제작 중 사생활 문제로 생긴 마음고생으로 인해 영화의 완성을 보지 못하고 약물 과다복용으로 사고사했다.

그렇지만 일상을 촬영하는 습관은 천재 배우뿐만 아니라 일반인에게도 도움이 된다.

졸업식이나 결혼식 영상이 남겨져 있는 경우가 아니라면 제3자의 시점으로 자신의 모습을 바라보기는 어렵다. 평소에 제3자의 시점으로 자신을 바라보는 방법은 스스로 촬영하는 것 이외에는 존재하지 않는다.

실제로 촬영해서 보면 자신의 상상과는 달라 깜짝 놀라게 된다. 재미있는 사례를 말하자면 일본의 와이드쇼 방송에서 가족이 살을 빼라고 해도 꿈쩍하지 않던 주부가 자신의 일상을 촬영한 영상을 보고 당황해서 다이어트에 열중하는 모습을 본 적이 있다.

자신의 모습을 촬영하면 겉모습뿐만 아니라 함께 녹음된 목소리도 들을 수 있다.

목소리 역시 생각과는 전혀 다르게 들리는 사람이 많다. 평소 자신의 목소리는 두개골 안에서 공명하여 귀에 들어오기 때문에 실제보다 낮게 들린다. 그런데 녹음해서 들어보면 이상한 억양이 있고 낯설게 느껴져 충격을 받기도 한다.

그렇기 때문에 이런 점을 이용하여 자신의 겉모습이나 발음을 어떻게 고칠지 고민해볼 수 있다. 정도의 차이는 있겠지만, 누구나 남의 눈에 노출되는 사회생활을 하고 있으니 객관적인 시점에서 자신을 보는 습관을 길러보는 것도 유용하다.

인간은 어떻게 배우고
기억하는가

에란 카츠
Eran Katz, 1965~

천재 중에는 우수한 기억력을 가진 사람이 많다. 천재 과학자 폰노이만도 뛰어난 기억력으로 유명하고 GE(제너럴 일렉트릭)의 전 CEO 잭 웰치도 회사의 실적과 재무 데이터를 모두 기억했다고 한다. 타임 사와 합병하기 전의 워너커뮤니케이션의 창립자 스티브 로스는 '아무리 복잡한 거래라도 머릿속으로 계산하는 능력'으로 유명하다.

다행히 기억력은 선천적인 재능이 전부가 아니라 후천적으로 개발할 수 있다는 것이 연구로 증명됐다. 여기서는 기억술을 연구하는 천재의 습관을 소개하려고 한다.

에란 카츠는 이스라엘 출신의 저술가로 500개의 숫자를 한 번 듣고 모두 기억할 수 있는 등 이 분야에서 기네스 세계기록을 가지고 있다. 기억력에 대한 강연도 많이 하는데, 카츠는 그 자리에서 청중에게 숫자나 단어를 좋아하는 만큼 말하게 한 다음 그것을 정확하게 기억해 화이트보드에 써내는 실연을 자주 한다. 이뿐만이 아니라 순서를 반대로 써내리기도 해 청중들이 감탄의 함성을 지르게 하기도 한다.

단어나 숫자의 나열은 그 자체에 의미가 없기 때문에 기억하기 어려운데, 유대인인 카츠는 유대인 전통 기억법을 포함해 여러 가지 기법을 활용해 엄청난 기억력을 자랑할 수 있었다.

그는 숫자를 문자로 바꿔 기억하는 '게마트리아'를 즐겨 사용한다. 예를 들어 '28'을 '철인(철인 28호에서)', '50'을 '손오공(발음에서)'으로 바꿔 2850이라는 문자 행렬을 철인이 손오공을 쫓는 장면으로 기억한다. 이는 전화번호나 현관문 비밀번호를 기억할 때 효과적이다.

또 처음 만난 사람의 얼굴과 이름은 상대가 여러 가지 행동(예를 들어 해변에서 휴식을 취하는 모습이나 억수 같은 비를 맞고 있는 모습, 한밤중에 출근하는 모습)을 하는 모습을 상상하는 방법이 효과적이다.

오랜만에 만난 지인의 얼굴을 보고 '이 사람, 누구더라…?'라고 생각하는 것은 무의식에 지인을 아는 사람, 교류했던 상황과 연결하여 기억하고 있기 때문이다. 이 방법을 사용하면 의외의 시간과 장소에서 재회할 때도 기억해낼 수 있게 된다.

또한 카츠는 기억법에 앞서 기억력 발달에 무엇보다 중요한 것은 '기억하려고 하는 의지'라고 했다. 의지가 있다면 기법을 사용하게 되고, 집중력도 높아진다.

현대는 스마트폰 등의 디지털 디바이스가 발달하여 지식은 기억하지 않아도 인터넷에서 찾으면 된다는 주장이 있다. 하지만 인터넷상에 있는 중요한 정보도 실전에서 기억해내지 못하면 활용할 수 없다.

예를 들어 '면접시험에서 먹히는 필살 테크닉!'이라는 정보를 인터넷으로 봤어도, 면접 시험장에서 기억나지 않으면 면접관 앞에서 이를 다시 찾아 읽을 수 없기 때문에 활용이 불가능하다.

최고들의 압도적인 성공엔
습관이란 무기가 있었다

게임에는 '치트키'라는 숨겨진 기능이 존재한다. 정해진 순서로 연속된 키를 입력하면 주인공이 무적이 되거나 생명을 무한으로 얻는 기능이다. 그래서 치트키를 알고 있는 사람은 최소의 노력으로 게임을 간단하게 이길 수 있다.

그러나 치트키는 원래 게임 개발자가 테스트 플레이를 하기 위해 비밀리에 입력해둔 기능이기 때문에 일반인은 알 수 없다.

인터넷을 사용한 온라인 게임에도 유저들이 만든 '핵'이 있다. 이것을 사용하면 적의 공격을 간단하게 피하고 원래는 못 가는 길을 갈 수 있기에 다른 일반 사용자를 쉽게 이길 수 있다. 물론 부정행위이지만 사용하는 사람이 끊이지 않는다.

그렇다면 인생에도 치트키나 핵, 즉 간단하게 성공할 수 있는 숨겨진 기술이 존재할까? 인생에는 이 정도로 간단한 기술은 존재하지 않지만 성공하기 위한 효과적인 습관은 있다. 이 습관을 익혀 매일 실천하면 자신도 모르는 사이에 다른 사람보다 매일 한 걸음씩 앞서게 되고 결국 시간이 지나면 평범한 사람은 상상도 할 수 없는 성과를 얻게 된다.

이 책에서 소개한 것은 이런 약간의 팁이다. 매일 지속하기 위해서는 강한 의지가 필요하지만, 실천하기에 좋은 간단한 습관만 있기 때문에 자신의 생활이나 일에 잘 응용해보기 바란다.

이 책은 주식회사 스바루사 편집부의 요시모토 류타로의 도움 덕분에 완성될 수 있었다. '최고가 된 사람들의 성공에 공헌한 습관은 어떤 것이 있을까'라고 이야기하다 생겨난 기획이 한 권의 책으로 나오게 되어 기쁘다.

또한 책의 제작, 유통, 판매를 도와준 출판사의 직원들, 무엇보다 이 책을 구입해준 독자들에게 마음 깊이 감사를 올린다.

허성준